슈퍼휴먼
SUPER HUMAN

바닥부터 시작해 자수성가한 상위 1% 슈퍼휴먼들의 이야기

슈퍼휴먼

SUPER HUMAN

김도훈(휴먼스토리) 지음

80만 유튜버 휴먼스토리가 말하는

상위 1% 수백 명을 만나보고 느낀 부의 비밀

RISE

추천사

정원주, 대우건설 회장

내가 봐 왔던 저자 김도훈은 성공한 젊은 사업가입니다. 아니 더 큰 목표를 향해 여전히 도전 중인 진행형 사업가라는 것이 더 옳은 듯합니다. 누구나 쉽게 할 수 있지만, 모두가 성과를 거둘 수 없는 유튜브 세계에 도전해서 3년 만에 70만 이상 독자를 확보했고, 열심히 살아가는 사람들의 삶을 인터뷰하는 〈휴먼스토리〉로 모두가 부러워하는 인기 유튜버 반열에 올랐습니다.

이 책은 〈휴먼스토리〉 채널을 통해 인터뷰한 열정을 쏟아가는 수많은 사람들의 삶을 보며 저자가 '바닥부터 시작해 최정상에 오른 부자들의 부의 비밀'이 뭘까를 찾아가며 정리한 것으로 보입니다. 그러나 꼼꼼히 살펴보면 저자 자신의 삶을 되돌아보는 경험의 결과물이자, 더 큰 도전을 향해 나아가고 있는 자신의 실천 과제를 이야기하는 것이라는 생각이 불현듯 듭니다. 그래서 부의 비밀이 결코 머나먼 이야기로 들리지 않습니다.

이 책도 자기계발서이기도 하고 성공학이라고 할 수 있습니다. 그럼에도 저자는 '부를 움켜쥐기 위해 노력하는 방법'이나 롤 모델을 제시하는 성공학과는 다름을 주장하고 있습니다. 이 책은 바로 우리들, 우리 주변의 살아가는 삶 자체를 조망하고자 한 것이기 때문이라고 합니다. 저자는 당당히 '슈퍼휴먼'은 영웅이나 천재가 아닌 주어진 현실에서 투쟁하며 앞으로 정진하는 모든 이들을 칭하며 그 누구의 이야기도 아닌 당신만의 이야기라고 합니다.

우리 모두가 망망대해를 건너가는 '슈퍼휴먼'이라는 것입니다. 저자 자신이 그러했듯 '당신이라는 휴먼스토리를 세상 앞에 내보이라'고 합니다. 저도 사업을 하면서 '지금 시작하고 나중에 완벽해져라'는 말을 많이 합니다. 제 좌우명으로 생각할 정도입니다. 하지 않으면 그 무엇도 이룰 수 없기 때문입니다.

'당장 실행하고, 하는 것에 몰두하며, 끝까지 버티는 사람이 강한 사람'이라는 저자의 생각도 그러합니다. 강한 도전정신을 드러내고 있습니다. 저의 거울을 보는 듯해서 더욱 의미 있고 이 책이 다르게 보입니다. 그래서 스스로 자신의 한계를 짓지 않고 맨바닥에서도 도전하는 젊은 열정들에게는 또 다른 지침이 되어줄 수 있을 것이라 확신합니다.

아직도 도전 중에 있는 서자의 이야기일 수도 있고, 목표를 향해 열정적으로 살아가는 우리 이웃의 이야기, 그리고 넓은 세계시장을 더욱 개척해 가고 싶은 저의 이야기일 수도 있기에 특히 그러합니다. 일독을 권합니다.

황복현, 영림 회장

"회장님, 성공하려면 어떻게 해야 합니까?"

저는 늘 대답합니다.

"사회적 인프라를 구축하는 것이 우선이다."

성공한 사람들의 삶을 들여다보고 배우는 것만큼 좋은 공부는 없습니다. 성공한 사람들에게는 공통점이 있습니다. 그 공통점을 찾아내는 것은 많은 시간과 노력이 들어가기 마련입니다.

본 책의 저자인 김도훈 대표는 성공한 사람들, 열심히 살아가며 성공에 가까워지는 사람들의 이야기를 발로 뛰며 촬영하였습니다. 《슈퍼휴먼》은 저자가 촬영하며 만난 사람들의 이야기를 담은 책입니다. 《슈퍼휴먼》은 성공을 꿈꾸는 모든 사람의 지름길이 될 참고서입니다.

책 한 권으로 성공한 수많은 사람들의 삶을 들여다보십시오. 책의 첫 페이지를 넘겼을 때와 마지막 장을 넘겼을 때 눈앞에 보이는 모든 것이 새로울 것입니다. 앞으로 누군가가 성공하려면 어떻게 해야 하냐는 질문에 저는《슈퍼휴먼》을 추천하며 이야기할 것입니다. "이 책은 최고다."

신달순, 용평리조트 대표이사

세상 모든 사람들의 이야기를 담겠다던 〈휴먼스토리〉는 이제 사람들에게 이야기를 들려주겠다고 합니다. 3년간 수많은 사람들을 만나며 영상에 업로드되지 못했던 노하우까지 독자들에게 도움이 되는 이야기를 나누기 위해 《슈퍼휴먼》이 발간되었습니다.

우리는 다양한 어려움을 겪으며 살아가고 있습니다. 〈휴먼스토리〉에 출연한 대부분의 사람들은 그들의 지혜와 경험으로 어려움을 극복해 나갔습니다. 《슈퍼휴먼》은 배울 점이 참 많은 책입니다. 성공 비법을 뛰어넘어 삶을 지혜롭게 살아가는 힘을 기를 수 있는 노하우까지 책 한 권에 담겨있습니다.

성공하고 싶은 사람들에게도, 삶을 단단하게 살아가고

싶은 사람들에게도 《슈퍼휴먼》은 큰 울림을 줄 것입니다. 여러분이 이 책을 통해 누군가의 경험을 자신에게 비춰보고, 같은 시련이 찾아왔을 때 더욱 현명하게 대처할 수 있기를 기대합니다.

김승현, 조조칼국수 대표

자영업을 하는 많은 사장님에게 말하고 싶습니다.

"성공하고 싶다면 대중이 좋아하는 맛을 구현하세요."

이것은 가장 기본적이면서 많은 사장님들이 어려워하는 일입니다.

《슈퍼휴먼》은 〈휴먼스토리〉와 함께한 출연자들의 노하우를 진하게 우려냈습니다. 또한 대중들이 찾게 되는 맛을 가득 담은 책입니다.《슈퍼휴먼》을 두 번, 세 번 정독하는 것을 추천드립니다. 그 이후 매출의 변화는 여러분이 직접 느껴보세요.

자영업으로 성공하는 것이 쉽지 않다고 합니다. 어떠한 일이든 성공하기 위해서는 많은 시간과 정성이 필요합니다.《슈퍼휴먼》은 〈휴먼스토리〉 채널을 운영한 3년 동안 누군가의 10년, 20년의 인생을 담았습니다. 성공한 사람들은 '왜 성공을 했는지', '어떤 부분을 실수해서 어떻게 극복했는지'를 꼼꼼하게 파악해 보세요. 이 책 한 권으로 무수한 실패의 원인을 줄여나갈 수 있습니다.

'슈퍼휴먼 2'의 주인공이 여러분이 될 수 있기를 응원하겠습니다. 휴먼스토리 화이팅!

박치은, 아울디자인 대표 / 《디깅》 저자

자수성가한 부자들의 이야기는 다 비슷해 보이고 진부한 것 같지만, 그 안에 숨어있는 디테일이 다르다. 《슈퍼휴먼》은 '타이탄의 도구'들을 모을 수 있는 가장 빠른 지름길이다.

송명진, 이상한마케팅 대표 / 《역행자》 저자 자청

유튜브의 트렌드는 '휴먼스토리' 이전과 이후로 나뉜다고 생각한다. 그는 대중적인 척하는 진짜 중의 진짜다. 그의 글을 읽지 않을 이유는 없다.

이승환, 돌고도네이션 이사장

《슈퍼휴먼》은 성공한 사회인이 되기 위한 공략집이다. 따라만 한다면 성공뿐만 아니라 행복 또한 따라올 것이다. 김도훈 대표는 수년간 다양한 분야의 슈퍼휴먼을 만나 분석하였고, 독자분들이 슈퍼휴먼이 될 수 있도록 이 책에 간단명료하게 정리하였다. 많은 독자분들께서 이 책을 읽으시고 주변 분들과 사회에 희망과 영감을 주는 슈퍼휴먼이 되시기를 바란다.

프롤로그

당신이라는 '휴먼스토리'를 세상에 내보여라

〈휴먼스토리〉 채널의 구독자가 70만 명이 넘어가자 촬영 갈 때마다 사람들이 내게 하는 질문이 있다. "어떻게 하면 유튜브가 잘될 수 있나요?" 최근 10대 청소년부터 20대 초반 젊은 세대들은 유튜버(크리에이터)를 직업으로 삼고 싶어 한다. 심지어 초등학생들에게 "의사가 될래? 100만 유튜버가 될래?"라고 물으면 망설임 없이 인기 유튜버가 되고 싶다고 말할 정도인 걸 보면 세상이 많이 바뀌었다는 생각이 든다.

이전부터 '유튜브 바람'은 불고 있었지만, 단순히 유튜버를 동경하는 분위기에 시작은 안 하고 그저 '해야겠다'라는 생각만 하는 사람이 대부분이었다. 세상에 필요한 정보는 많지만, 오히려 너무 많은 탓에 엉덩이는 무거워지고 실행하기 전에 판단부터 내리는 오류가 생긴 것이다.

이들이 딱히 바보여서도 아니다. 심지어 머리도 좋다. 그런데도 이들의 실패 확률이 높은 이유는 '목표가 지나치게 높고, 완벽주의 성향이 강해서'이다.

세계적으로 유명한 잠재력 개발의 대가 가오위안(高原)은 저서인《하버드 행동력 수업》에서 이렇게 말했다.

"행동력이 떨어지는 건 불필요한 정보에 지나치게 많은 시간과 노력을 낭비하기 때문이다."

내가 낙천적이고 긍정적인 이유는 '나'라는 사람이 그렇게 타고났기 때문이 아니라, 긍정적으로 생각하는 습관과 행동이 형성되었기 때문이다. 즉 생각에 머무르지 않고 빠르게 행동하고 과감하게 실천하는 게 중요하다. 유튜브를 하겠다고 마음먹은 후 나의 일과는 온종일 유튜브를 시청하는 것에만 할애했다. 앞으로 평생 하겠다고 다짐했기에 '어떤 콘텐츠를 만들 것인가'가 가장 큰 화두였다.

사실 나의 꿈은 엠시(MC)가 되는 것이었다. 지금도 '국민 엠시'로 불리지만, 당시 TV 방송에서 유재석 씨가 활약하는 모습을 보면서 나도 엠시가 되고 싶었다. 그러기 위해서 먼저 개그맨이 되어야겠다고 생각했다. 이후 5년간 개그맨 지망생 생활을 하면서 KBS, MBC, SBS 방송 3사에서 단 한 번도 공채에 붙지 못했다.

그렇게 내 첫 번째 꿈은 이루지 못했고, 개그맨 지망생 시절 생활고에 시달려서 돈을 벌어야겠다는 마음으로 고향에 내려가 장사를 했었다. 나는 개그맨 지망생 경험이 있었다고 해서 '개그맨 몰카' 같은 건 하고 싶지 않았다. 좀 더 진정성 있고, 내가 엠시로서 진행할 수 있는 게 무엇이 있을까를 깊게 고민했다.

그렇게 심사숙고하다가 '장사하는 사장님들의 인터뷰를 해볼까?'라는 생각이 들었다. 나 역시 자영업자였으니 유튜브와 연계해서 자영업자 사장님들이 열심히 사는 모습을 진정성 있게 담고 싶었다.

이런 의도로 시작한 〈휴먼스토리〉 채널은 삼박자가 맞

아떨어졌다. 나는 사장님들을 인터뷰하고 촬영하면서 구독자분들에게 동기를 부여하고, 출연하는 사장님들은 매출이 오르고, 또 구독자분들은 동기부여를 얻고, 모두에게 유익한 채널이 될 수 있었다.

그럼 나는 언제부터 크리에이터로서 두각을 나타내기 시작했을까? 10개 정도의 영상이 올라갔을 때 조회수가 폭발하더니 '인기 급상승'에 올라가면서부터 시작됐다. 처음 유튜브를 준비하던 시기에 개그맨 선배에게 자문하니 영상을 100개까지는 올려보라'라는 조언을 들었다. 그런데 나는 10개부터 성공한 것이다.

이 말을 하는 이유는 단순히 자랑하려는 의도가 아니라, 내가 단기간 내에 성공할 수 있었던 이유를 알리기 위해서다. 앞서 말한 것처럼 나의 꿈은 엠시였다. 프로그램을 진행하며 사람들에게 도움을 주는 엠시가 되는 게 10대 시절부터 내 꿈이었다.

그런데 〈휴먼스토리〉 채널을 운영하는 것도 곧 진행이다. 출연자분과의 첫 만남에서 "안녕하세요"라는 말 한마디부터 낯선 이와 촬영을 시작하는데 잘 이끌고 진행하는 게 결코 쉬운 일이 아니다. 하지만 나는 개그맨 지망생 시절에 다양한 공연을 했었다. 개그 공연, 뮤지컬, 연극, 방송 등에 나갔던 내 경험이 이미 내 몸에 체득되어 있었다.

그런 이유로 〈휴먼스토리〉 콘텐츠를 촬영할 때도 그 노력이 결실을 맺어 좋은 영상을 만들어낸 것이다. 즉 단기간 내에 나온 결과물은 10대 때부터 지금까지 쌓아온 모든 경험의 집합체다.

지금 이 책을 읽는 여러분에게 전하고 싶은 이야기는 남들의 그 어떤 경험도 쓸모없으며, 오직 자신을 믿으라는 것이다. 이것은 위안 삼으라고 하는 말이 아닌 실제로 지금 시대가 바뀌었기 때문이다. 생각해보자. 20년 전에 개인이 열심히 사는 현장을 궁금해하는 사람이 있었을까?

지금은 누구나 주목받을 수 있고, 내가 가진 면모 중 하나를 보이기만 해도 관심을 받을 수 있는 세상이다. 그러니 무엇이든 당신이 직접 경험해서 느껴보고, 당신의 꿈을 이루어라. 당신의 모든 경험을 콘텐츠 안에 담아라. 말 그대로 당신이라는 '휴먼스토리'를 세상에 내보여라.

김도훈(휴먼스토리)

제1부. 성공자는 생각이 다르다

제2부. 성공하려면 실패자가 돼라

제3부. 무한한 가능성을 깨워내라

당신의 한계는 없다, 스스로 한계 짓지 말라

제1부

성공자는 생각이 다르다

01

실행하지 않으면 아무것도 얻을 수 없다

수많은 상위 1%의 사람들을 만나본 결과 나는 그들 모두가 가지고 있는 한 가지의 공통점을 찾을 수 있었다. 바로 'Just Do It!(그냥 하라)' 세상이 뭐라고 떠들건 간에 상관없이 '하는 것'에 몰두했다는 점이다. 상위 1% 사람들은 어떤 일에 주저함 없이 적극적으로 실행해나갔다.

너무 특별하지 않고 보편적인가? 물론 나도 알고, 당신도 알고 있으며, 대개의 사람은 다 알 것이다. '하지 않으면 그 무엇도 이루어지지 않는다'라는 사실 말이다. 먼 옛날부터 전해져온 지식의 정수인 철학에서도 이야기하는 사실 아닌가?

독일의 철학자 니체(Friedrich Nietzsche)는 이렇게 말했다.

"모든 것의 시작은 위험하다. 그러나 모든 것을 막론하고, 그 어떠한 것도 시작하지 않으면 시작되지 않는다."

니체의 말처럼 우리는 하고 싶은 것을 이루기 위해서는 '그것'을 해야만 한다. 그것만이 무언가를 이루기 위한 모든 원리의 기본이다.

상위 1%와 나머지 99%, 그들의 차이는 무엇인가?

〈휴먼스토리〉 채널을 운영하면서 나는 수많은 상위 1% 사람들을 인터뷰한다. 매번 인터뷰할 때마다 느껴지는 건, 상위 1%의 사람들은 정말 터무니없을 정도로 진취적이다(이런 표현이 적합한지 모르겠지만). 단 한 명도 빠짐없이 전부 말이다. '그래도 한 명 정도는 뜻밖의 요행이나 시대의 흐름 덕분에 성공하지 않았을까?'라고 의구심을 갖기도 했다. 하지만 내가 틀렸으며 지금은 확신한다.

"진취적인 사람만이 자신이 원하는 성공을 거머쥘 수 있다."

나는 인터뷰이로 만난 상위 1% 사람들에게 이렇게 질문하곤 한다. "지금 이렇게 많은 것을 이루었는데 다시 잃을까 봐 걱정하지 않는지", "성공하기 이전의 삶으로 돌아가는 게 두렵지 않은지" 말이다. 그들의 대답은 정말 터무니없을 정도였다. 그저 "다시 하면 된다"라고. "한 번 이뤄냈는데 두 번은 이루지 못하겠느냐"라며 자신 있게 말했다.

정작 그들이 두려워한 건 지금 자리에서 떨어지는 게 아니라, 내가 '할 수 있다'라는 믿음과 자신감을 잃어버리는 것이었다.

〈휴먼스토리〉에 소개한 인물 중에 잘 다니던 회사를 그만두고 빵집을 차린 여사장님이 있다(〈휴먼스토리〉 영상 제목 :

이 작은 가게에서 한 달 매출 1억 5천만 원, 30대 여사장님이 성공한 사소한 이유들). 오로지 맛있는 빵을 만들고자 하루 두 시간만 잠자며 일하는 사장님이다. 이분은 빵집 창업 후 장사를 시작하자 점점 손님이 많아지면서부터 오히려 창업 초기보다 준비 시간이 점점 길어졌다.

게다가 아직 빵 굽는 기술이 숙련되지 않아서 더 많은 양의 빵을 준비하는 게 어려웠고 일손도 달렸지만, 리스크 관리를 위해 혼자서 모든 일을 했다. 물론 직원을 채용하거나 과감하게 빵의 수량을 한정해서 판매할 수도 있었지만, 사장님이 택한 건 본인의 잠을 줄이는 것이었다.

세계보건기구(WHO)가 밝힌 성인의 하루 평균 수면시간은 7~8시간이다. 이에 맞춰 수면을 권장하는 현대 사회에서 사장님은 자신이 누려야 할 것보다 먼저 포기해야 할 것을 선택한 것이다. 심지어 다음날 제때 일어나지 못해 장사에 차질이 가는 일이 없도록 무릎을 꿇고 잤다. 단 두 시간뿐인 그 단잠마저도 '자기 편함'이 아닌 장사에서 발생할 문제를 미리 해결하기 위해서 말이다.

매출이 수월하게 올라가는 상황인데도 단잠을 포기하고 침대에서 무릎을 꿇고 베개에 얼굴을 박고 잔다는 건,

평범한 사람들은 감히 상상도 할 수 없는 일이다. 오히려 성공의 단맛에 빠져 고생한 자신에게 보상 주듯 편안한 잠을 청하는 게 일반적일 텐데, 사장님은 자기 안위보다 '해야 한다'라는 생각이 중요했던 것이다. 또한 그 '해야 한다'라는 생각은 자신의 책임감과 직결되고 말이다.

이처럼 상위 1%의 사람들 옆에 있으면 그들의 넘치는 에너지와 긍정적인 마음, 진취적인 태도가 내 살에 와닿아 느껴질 정도였다. 같은 사람이니 분명 잠은 쏟아지고, 몸도 피곤할 것이다. 아마도 매일 적당한 선에서 '타협하고 싶은 나'와 '해야만 하는 나'가 싸웠을 것이다. 하지만 그들은 단 하루도 타협 없이 자신이 지금 몰두할 일이 무엇인지를 정확히 알고 결국 그 일에 집중했다.

타협하고 싶은 나 vs. 해야만 하는 나

인생은 결국 선택의 연속이다. 그 선택은 내가 어떤 가치를 얻을 수 있냐에 따라서 실행하기 마련이다. 이런 가치판단은 사람마다 다르고 같은 사람도 시간과 상황에 따라 선택이 달라질 수도 있다. 대개의 사람은 두 시간만 잠자고 빵을 만든다는 선택이 아닌 '내가 두 시간만 잠자고 과연 장사를 이어나갈 수 있을까?', '나에게 휴식을 선사해야 내가 이 장사를 이어나갈 힘을 얻지 않을까?'라는 가치판단을 기준으로 선택할 것이다.

그러나 빵집 사장님은 자신이 겪을 피곤이나 건강, 안위는 안중에도 없었다. 향후 내가 잃을 것보다 지금 내가 해야만 하는 일에 집중한다는 건 절대 말처럼 쉬운 선택이 아니다. 모든 사람은 아직 오지 않은 미래를 지금 당장 걱정하며 살아가기 마련이다. 그래서 지금 잠을 줄여서까지 장사에 집중하는 것보다, 잠을 줄이고 장사했을 때 훗날 내 건강이 악화될 수 있다고 지레 겁부터 먹는다.

세상에서 가장 쉽기도 하지만 가장 어려운 건 바로 실행력이다. 그냥 하는 것! 오늘이 아닌 내일, 즉 아직 오지 않은 미래는 막연히 우리에게 두려움을 주고, 우리 의지를 꺾는다. 누구나 막상 그 순간이 찾아왔을 때 그냥 한다면 할 수 있는 능력이 있음에도 불구하고 말이다.

미국의 심리학자 매슬로우(Maslow)의 '인간의 욕구 5단계' 이론에 따르면 사람의 가장 기본적인 욕구인 '먹고, 자고, 쉬는 것'은 매우 중요하다. 이 기본적인 욕구는 인간을 살아갈 수 있게 만듦과 동시에 앞으로 살아갈 원동력을 준다. 맛있는 음식을 먹기 위해, 편안한 잠자리에 들기 위해 우리는 고단한 하루하루를 견디며 살아간다.

다른 관점에서 대부분의 사람들은 이 기본적인 욕구에 종속돼 지배당한다. 하지만 상위 1% 성공한 사람들은 자신의 기본적인 욕구보다 성공을 향한 열망이 더 컸다. 내가 이뤄내야 할 것에 대한 목적의식이 인간으로서 기본적으로 가지는 욕구를 넘어선 것이다.

결과적으로 빵집 사장님은 단기간에 가공할 만큼의 성공을 이뤄냈다. 높은 매출과 고수익을 달성하고, 가게 평수도 넓혔고, 창업한 가게 외에 3호점까지 오픈했다. 그리고 이제는 함께 일하는 직원이 있어서 하루 두 시간만 자며 빵을 만들지 않아도 된다. 그때, 그 순간 자신이 누려야 할 것을 포기했기 때문에 지금의 성공을 이뤄낼 수 있었다.

만약 그때 사장님이 덜컥 겁부터 먹었다면, 지금의 성공을 이뤄낼 수 있었을까? 하루 두 시간만 자며 일하는 상황에서 '언제까지 이렇게 살아야 할까' 막막해하고, 포기하며 타협했다면 지금의 자리에 올라설 수 있었을까? 나는 절대 그렇지 않다고 생각한다. 그 순간 자신의 욕구를 넘어선 사장님의 열망이 지금의 성공을 이룬 사장님을 만든 것이다.

"그냥 하면 된다."

사람들 대다수가 두려워하고, 계산하고, 망설일 때 그냥 하면 된다. 하지만 우리는 보통 무언가를 하기 전에 겁부터 먹는다. '창업에 들어간 비용보다 손실이 더 크면 어쩌지?', '내가 이 일을 성공적으로 이끌어갈 수 있을까?', '이전의 삶보다 더 고단해지지는 않을까?', '건강이 나빠지면 어쩌지?' 등 너무 많은 생각들에 사로잡힌다.

그리고 해보기도 전에 실패에 대한 두려움 때문에 나 자신과 타협한다. 이 정도면 됐다고 여기면서 말이다. 하지만 성공한 사람들은 절대로 막연한 두려움에 잠식되지 않는다. 이 순간 내가 할 수 있는 작은 것들이 무엇인가부터 생각한다. 걱정하는 시간마저 낭비라고 여기며 그 시간에 자신이 할 수 있는 것을 찾아낸다. 가게를 닫고 오늘 일과가 끝났다며 휴식에 들지 않는다. 오히려 일이 끝난 후 새로운 일을 찾는다. 성공한 사람들은 걱정하는 시간은 사치일 뿐이라고 생각한다. 이런 태도로 꾸준히 자기 삶과 마주하다 보면 마침내 성공에 가까워지는 것이다.

조회수 백만을 넘어가는 〈휴먼스토리〉 영상 속 사장님들을 직접 만나보면 모든 분이 벌겋게 눈이 충혈돼있다. 새벽 일찍 일어나 부지런해서이기도 하지만, 더 극명한 공통점은 하루의 끝에서 휴식에 접어들지 않고, 새로운 아침을 준비하고 있었다는 것이다.

심지어 내가 찾아와 인터뷰할 것을 알고는 전날부터 준비했다고 그들은 하나같이 말했다. 이전에 올린 내 영상을 보며 어떤 질문을 받을지 추측하고, 어떤 대답을 할지 미리 고민했다고 한다. 더 나아가 자신의 어떤 이야기가 많은 사람들에게 귀감이 될지, 자신의 성공 원칙을 더 집대성해서 담아낼지 등을 끝없이 자문하고 숙고했다.

항상 인터뷰를 가기 전에 편한 마음으로 임해달라고 해도 성공한 그들에게 그런 일은 있을 수 없는가 보다. 그것이 자기 장사든, 〈휴먼스토리〉에 출연해 인터뷰하는 것이든 그들의 사전에 '적당히'란 없는 말이었다.

02

간절함과 노력이 맞물릴 때 성공이 뒤따른다

사람마다 자신의 인생을 변화시키는 계기는 다양하다. 자기 삶을 가치 있게 만들기 위해서 변하기도 하고, 내가 사랑하는 사람들을 내 힘으로 지키고 싶다는 계기로 변하기도 한다. 때로는 자기 자신에 대한 분노와 혐오감이 변화의 계기가 되기도 한다. 사실 어떤 계기가 좋은 것이고, 어떤 계기는 나쁜 것이라 말하기는 어렵다. 그것이 무엇이든 계기는 사람의 변화를 이끄는 능력이 있기 때문이다.

그런데 만약 누군가가 내게 '사람은 어떤 계기로 변하느냐'고 묻는다면 나는 자연스럽게 한 사람이 떠오른다. 바닥에서 정상을 찍어 인생 역전의 본보기가 된 대한민국 지프 자동차 전국 1위 딜러 사장님이다(《휴먼스토리》 영상 제목 : 한 달 매출 15억 전국 1위 딜러가 가족들과 떨어져 자동차 전시장에서 씻고 자는 이유). 그가 변화할 수 있었던 원동력은 바로 간절함이었다.

아니 단순하게 무언가를 이뤄내고 싶다는 간절함을 넘어, 그 간절함이 도파민의 분비를 촉진하고 들끓는 아드레날린 때문에 당장 아픔과 힘듦은 느끼지 않는다고 생각 드는 수준의 사람이었다. 물론 세상에 간절함이 없는 사람은 없을 것이다. 사람이라면 기본적으로 누구나 성공하기를, 또 자신이 원하는 것을 얻기를 바라는 열망과 간절함이 있다.

만약 지금 자신에게는 간절함이 없다고 생각한다면 착각일뿐이다. 그것은 간절함이 없는 게 아닌 매너리즘에 빠져 앞으로 나아가지 못하는 상황에서 간절함이라는 감정이 무뎌졌을 것이다. 우리가 기본적인 욕구를 느끼듯, 간절함은 사람이라면 당연하게 가지는 기본적인 감정이다.

성공은 몰입과 노력,
간절함에 달려있다

차에 진심인 남자, 영향력 있는 딜러로 전국 1위 판매왕의 입지를 확실하게 다진 그의 변화 계기는 어떻게 만들어졌을까? 사실 그는 원래 남부러울 것 없이 살았었다. 렌터카 사업을 하며 이미 어느 정도 성공의 길을 걸었고, 매달 평균 수천만 원, 크게는 5천만 원까지 월 수익을 올리던 사람이었다.

그러나 큰돈을 벌 정도로 능력이 뛰어난 사람도 무너지는 건 한순간이었다. 어느 날, 뜻하지 않은 사기를 당한 그는 사업체에서 보유하고 있던 모든 차를 전부 날리게 됐다. 순식간에 연봉 억대의 삶에서 최하위권의 삶으로 추락하게 된 것이다. 그렇게 자기 삶의 모든 것을 잃고 180도 바뀐 삶을 살기 시작했다.

이런 말이 있다. 타던 차와 살던 집은 다운그레이드(Downgrade)가 안 된다고. 쭉 허름한 집에서 살던 사람이 허름한 집으로 이사 가는 건 별다른 타격이 없지만, 좋은 것을 누리던 사람이 갑자기 누리던 것을 포기하게 되면 절망에 빠진다. 자동차는 굴러가기만 하면 된다고 믿던 사람이 성공을 거머쥔 후 고급 외제차를 타다가 갑자기 저렴한 자동차를 타면 앉아있는 것만으로 불편함을 느낀다. 그게 기분의 탓인지 실제 고가의 차량이 편안함을 주어서인지는 모르겠지만 말이다.

하루아침에 보일러도 돌아가지 않는 집으로 이사 간 그는 추위를 견디기 위해 처자식과 뜨거운 물을 넣어 따뜻해진 페트병을 끌어안고 잘 정도의 궁핍한 생활을 시작했다. 심지어 어렸을 때부터 바퀴벌레를 그렇게 싫어했는데, 그 바퀴벌레가 자기 아이들의 팔을 무는 걸 보며 처절한 눈물을 흘렸다.

이런 상황 속에서 그는 새로운 각오를 다지는 계기가 되었고, 이제는 노력에 더해 '간절함'이라는 원동력이 그의 가슴에 싹트기 시작한 것이다. 어쩌면 같은 상황에서 누군가는 무너지고 좌절했을 수 있고, 모든 것을 포기한 채 우울증에 걸렸다며 숨어버렸을지도 모른다. 하지만 그는 어느 곳으로도 숨지 않았다.

그는 좌절이나 우울감을 느낄 시간 따위는 없었다. 오로지 나의 삶과 내 가족을 위해 '다시 일어선다'라는 선택지만 있었다. 무엇이든 해야 한다는 마음가짐으로 그는 대리운전부터 발레파킹 등 무슨 일이든 손에 닥치는 대로 하기 시작했다. 한겨울에 집에 돌아올 막차가 끊겨 은행 ATM기 앞에서 잠드는 날도 있었다.

이렇게 살아서는 평생 빚을 갚을 수 없다는 사실을 절감한 그는 큰돈을 벌기 위해 창업을 하고 싶었지만, 당연히 자본은 없었다. 자기 노력으로 성공할 수 있는 영업이라도 하고 싶었지만, 어느덧 사십 대 나이가 된 그를 선뜻 영업 사원으로 받아주는 곳은 없었다. 하지만 노력하는 자에게 어떤 식으로든 기회는 주어진다고 했던가. 그는 옛 지인을 통해 간신히 다시 자동차 영업을 시작할 수 있게 됐고, 그게 지금의 '전국 1위 판매왕'을 만들어준 지프 자동차였다.

자동차 영업사원이 된 그가 일 년 동안 한 일은 단순했다. 바로 영업 매장에서 일 년 동안 먹고 자고 씻으며 시간을 보낸 것이다. 왜 그렇게까지 했느냐? 대개의 영업사원은 자신이 정해놓은 기준 이상의 성과를 이루면 스스로 보상을 준다. 물론 그건 잘못된 것이 아니다. 원래 인간은 성과를 이루면 스스로 보상을 주게끔 프로그래밍 되어 있다. 인간의 뇌에는 성과를 이루면 보상받고, 또다시 보상

받기 위해 노력하는 보상회로가 존재한다.

아마 보통 사람이라면 영업에 성공해 자동차 한 대를 팔면 다음 날은 자신에게 황금 같은 휴식을 선사하거나, 가족과의 시간을 허락했을 것이다. 하지만 그는 그동안 말끔하게 준비해놓은 자동차가 오늘 팔리면 바로 새 차를 들여 말끔하게 세차하며 당장 내일의 손님 맞을 준비를 했다. 이런 이유로 그는 집에서 잠을 자는 시간조차 아까워서 영업 매장에서 생활한 것이다.

"간절한 노력은 절대로 배신하지 않는다.
모든 성공의 원동력은 간절함이다."

그 누구도 상상할 수 없을 정도의 노력이다. '간절함'이라는 원동력과 노력이 맞물려 끈기 있게 앞으로 나아갈 뿐이었다. 시간은 기다려주지 않기 때문에… 아니 이미 한 번의 사기로 통째로 삶이 무너진 그였기에 시간은 나를 비껴가고 있다고 생각했을지도 모른다. 그 모든 걸, 그는 노력의 힘 하나만으로 모두 바로잡았다.

그렇게 일 년 동안 그는 자신이 가지고 있는 무기 중 가장 예리하고 단련된 무기인 '노력과 간절함'으로 전국 1위 자동차 딜러가 됐다. 고작 일 년이라는 짧은 기간은 그가 수억의 빚을 거의 다 갚기에는 충분했다.

흔히 사람들은 '노력'을 그저 열심히만 하면 누구나 되는 것처럼 평가절하하는데 이건 큰 착각이다. 성공은 노력의 결과물이며, 이 노력은 '노력할 수 있는 재능'을 타고난 사람만이 할 수 있는 능력이다. 나는 그에게 '노력을 할 수 있는 노하우'가 뭐냐고 물었다. 'Know How' 말뜻 그대로 '어떻게 하는지를 알아야만' 그 노력을 할 수 있을 것 같았다.

그러자 그가 대답했다.

"남들보다 뛰어난 게 없는 사람이 가질 수 있는 유일한 재능은 바로 인정하는 것이다. 그것을 인정하고 받아들이는 순간, 유일하게 세상 모두에게 공평한 게 무엇인지 깨달을 수 있다. 그것은 바로 시간이다. 시간만이 세상 모두에게 유일하게 공평하다. 그리고 남들보다 뛰어난 게 없다는 사실을 받아들인 사람은, 그 시간을 남들보다 두 배로 더 쓸 결의를 다질 수 있게 된다."

남들이 여덟 시간 일할 때 자신은 열여섯 시간 일하면 된다고 마음먹는 결의란 말이 쉽지, 누구라도 쉽게 할 수 있는 다짐이 아니다. 자기 삶을 모두 여기에 걸겠다는 각오는 사실 어떤 천재의 영역에 도달한 이보다도 뛰어난 재능에 가깝다.

그의 말에 절로 숙연해진 나는 스스로 내 삶을 뒤돌아봤다. '나는 무엇에 이만큼 절실한 적이 있었나? 세상을 탓하고 있지는 않았나? 내 모든 것을 내걸면 세상은 모든 것을 허락할 준비가 돼 있는데, 나는 최선이라고 부를 수 있는 최선을 다한 적이 있었나?'

그동안 나는 간절하다는 마음 하나만으로 급하기만 한 사람들을 너무 많이 봤다. 결국 그들은 쉽게 포기한다. 바닥에서 다시 정상으로 올라온 그의 이야기처럼 세상은 간절함이라는 원동력과 노력이라는 무기를 가지고 오는 사람에게 무엇이든 내준다. 당신이 하고 있지 않을 뿐이다.

03. 명확한 목표 설정이 성공을 향한 시작이다

많은 사람을 만날수록 나도 많은 깨달음을 얻는다. 나 역시 수많은 실패를 경험한 뒤에야 지금의 내가 될 수 있었기 때문이다. 내가 지금 알고 있는 걸 일 년 전에, 아니 오 년 전에 알았더라면 싶은 것들이 너무나 많다. 아직 대단한 성공을 이룬 것은 아니지만, 그래도 지금의 나는 내가 앞으로 나아가야 할 길이 무엇인지 정확히 안다. 그리고 내가 앞으로 나아가야 할 길을 정확히 안다는 건, 내가 오 년 전에 알았더라면 했을 것과 분명하게 연결된다.

〈휴먼스토리〉 촬영 때는 채널 콘텐츠의 특성상 '한 가지 주제'를 잡고 이야기하는 게 훨씬 좋다. 주제가 왔다 갔다 하면 구독자들도 난잡한 주제 때문에 특정 정보나 인사이트를 얻기 힘들고 영상도 루즈해진다. 이것은 곧장 조회수로 직결되기도 한다.

한 사람과 많은 대화를 통해 한 가지의 명확한 주제를 이야기하기도 짧은 시간인데, 그 시간 동안 여러 주제가 나오면 당연히 이탈률이 높아진다. 그러다 보니 아무리 주옥같은 이야기여도 주제에서 벗어나는 내용들은 영상에서 편집한다.

소위 상위 1%라 불리는 이들을 만나 한 가지 주제를 선정해 콘텐츠를 만드는 건 쉽지 않다. 저마다 말하는 성공에 필요한 이야기를 전부 담고 싶지만, 사람들은 한 가지 주제로 집중될 때 콘텐츠에 몰입한다는 걸 알아서다. 처음에는 강박적인 수준으로 한 가지 주제를 정하고, 대화의 모든 흐름을 그 주제로 흘러가게끔 의도한 적도 있다.

이제는 그냥 여러 대화를 하러 간다는 마음가짐으로 임한다. 그 수많은 대화 속에서, 그의 삶을 관통하는 한 가지 주제를 추출하는 게 바로 내 역할이라고 생각하기 때문이다.

"신념이란 명확한 목표가 표출된 것이다."

나는 상위 1% 성공자들과 수많은 대화를 하며 이들의 방식은 저마다 다르지만, 그 전부를 관통하는 하나의 큰 뼈대는 같다는 사실을 깨달았다. 바로 자신에게 원동력이 되어주는 목표를 명확하게 안다는 것이다. 무언가를 더 많이 배우거나, 더 빠른 속도로 얻는 건 별개의 문제였다.

소셜미디어가 성행하는 지금, 세상에는 온갖 정보들이 난무한다. 그 정보들은 유익하거나 실생활에 도움이 되는 정보들도 있지만, 사람들은 특히 돈과 관련된 정보들을 가장 많이 선호한다. 그러다 보니 '부업, N잡러' 류가 성행하게 됐다. 현재 내 벌이에 만족하지 못하니 본업 외의 시간에 돈을 벌 수 있는 일들을 하게 되는 것이다.

그런데 문제는 '내가 정말 해야 하는 게 무엇인지, 내가 가장 잘하는 게 무엇인지, 내 목표가 무엇인지'가 희미해지기 시작한다. 왜냐하면 어떤 목표나 성취를 위해 달려가는 게 아니라 '돈'이라는 재화에 모든 삶의 포커스가 맞춰져서다.

사실 성공의 기준은 너무 모호하다. 누군가는 적은 돈을 벌면서도 자신이 바라던 삶이기에 자기 삶에 성실하게 임하며 행복해하기도 하고, 또 다른 누군가는 엄청나게 큰돈을 벌면서도 자기 삶은 불행하다며 비관하다가 끝내 스스로 삶을 끝내기도 한다. 왜 이런 일이 생기는 걸까? 바로 목표가 모호하기 때문이다.

내 삶의 목표가 행복인지, 끝도 없는 성취와 발전인지 그 기준이 돈이 최고의 가치로 우선시되는 자본주의의 이념 때문에 무너졌다. 언제부턴가 개개인의 성공기준이 존재하며 각자 자기의 성공을 향해 달려가는 게 아닌 오직 '돈을 많이 버는 것'만이 성공의 기준이 돼버렸다. 그리고 이제는 누구도 자신의 목표가 무엇인지 명확히 이해하기 힘들어지게 됐다.

삶의 원동력이 결과의 차이를 만든다

내가 만난 상위 1%의 사람들은 모두 하나같이 명확하고 뚜렷한 자신의 목표가 있었다. 이들은 그것이 돈이든, 특정 가치를 지닌 문화를 만드는 일이든, 자신이 만족할 만한 삶에 도달하는 것이든 매우 명확한 목표를 지니고 있었다. 물론 대개의 사람도 목표는 있으나 막연하고 추상적인 경우가 많다. '돈을 모아야지', '부자가 돼야지', '우선 일부터 열심히 해야지'처럼 애매하기만 한 기준은 자기 삶에 원동력이 되지 못한다.

삶의 원동력은 침대를 벗어나고 싶지 않은 아침에 박차고 일어나게 만드는 힘이며, 아직 이루어지지 않은 꿈을 반드시 이뤄낼 수 있다고 믿게 하는 힘이다. 그런데 그 원동력이 막연하고 추상적이면 우리는 침대를 박차고 일어날 힘을, 언제 이뤄낼 수 있을지 모를 꿈을 향해 달려갈 힘을 상실하게 되는 것이다.

신기하게도 상위 1% 사람들은 마치 데드라인이 정해진 듯이 일이 년 안에 모든 것이 결정 났다. 완벽한 성공을 이루었다는 말이 아니라, 일이 년 안에 승부수가 띄워졌다는 의미다. 일이 년 동안 시스템과 기반을 다졌으니 이제 앞으로 나아가기만 하면 되는 정도의 준비가 마무리된다. 이후는 훌륭한 시스템과 기반을 다진 자기 능력을 믿고 앞으로 나아가기만 하면 된다.

"명확한 목표는 내가 나아가야 할 길을 정확히 알려준다."

상위 1% 사람들은 자신이 무엇을 하려는지를 명확하게 이해하고 시작한다. 그러면서 절대로 '열심히 한다', '돈을 많이 번다'같은 추상적인 개념에 자신의 운명을 맡기지 않는다. 그러나 보통의 사람들은 자신이 걸어가야 할 길을 몰라서 헤매다가 결국 무너진다. 하지만 걸어가야 할 길이 어디인지 명확하게 알면 모든 것이 달라진다. 그저 발걸음을 거기로 향하면 될 뿐이다.

성공에서 중요한 건 속도보다 방향이다

우리는 막연히 목표를 향해 가다 보면 무언가 되겠지 싶지만, 뭐가 안 될 때가 훨씬 많다. 계획만큼 성과가 없으니 답답하고 포기하고 싶을 때도 많다. 시간이 지날수록 목표를 이룰 가능성이 커지는 건 맞지만, 그 과정에서 조급해지고, 참을성을 잃으며, 부정적인 생각에 사로잡히기 십상이다.

슈퍼카 열입곱 대를 보유한 30대 카페 사장님을 인터뷰이로 만나 성공과 목표 달성에 대해 나눴다(《휴먼스토리》 영상 제목 : 슈퍼카 17대 보유한 36살 카페 사장님이 집 없이 모텔에 자는 이유). 그는 단순하게 카페 사업이 번창해서 슈퍼카를 열일곱 대나 보유하고 있는 것이 아니었다. 그에게는 자신만의 명확한 목표가 있었다.

"내 최종 목표는 슈퍼카와 클래식카를 100대까지 늘린 후 자동차 박물관을 세우는 것이다. 누구나 차를 자연스럽게 만지고 체험하는 문화가 공유됐으면 좋겠다."

슈퍼카를 생각하면 모두 머릿속으로 연상하는 이미지가 있다. 일상에서 쉽게 볼 수 없는 차, 가끔 굉음을 울리며 도로를 질주하는 차, 성공한 사람만이 핸들을 잡을 수 있는 부의 상징, 마치 동화 속 파랑새처럼 쉽게 볼 수 없는 그런 존재로 인식한다. 그래서 평범한 사람은 평생 슈퍼카의 조수석에라도 한 번 타볼까 말까 한 존재가 일반적인 슈퍼카의 이미지다.

사장님도 그걸 잘 알고 있었고, 그게 너무 싫었다고 한다. 그는 슈퍼카가 하나의 어마어마한 우상으로 자리잡히고, 사람들은 만지는 것조차 부담스러워하는 그런 문화를 없애고 싶었다. 그리고 그때부터 누구나 슈퍼카를 타볼 수 있고, 만질 수 있으며, 운전석에 앉아볼 수 있게 하는 꿈을 꿨다. 사실 그 꿈은 자신도 어렸을 때 슈퍼카를 몰고 싶다는 로망에서 비롯되었다.

어린 시절 꾸었던 작은 꿈이 지금의 자신을 만들어준 셈이다. 현재 그는 카페를 운영하며 카페 근처에 자기 슈퍼카를 전부 주차해둔다. 그리고 손님이라면 누구나 만져보고, 앉을 수 있는 서비스를 제공한다. 그저 돈벌이 수단으로 슈퍼카를 활용하는 게 아니었다. 자신의 꿈을 이룬 것은 물론 누구나 슈퍼카를 경험하는 서비스를 제공한 것은 자연스럽게 다른 카페들과 차별화되었고, 그는 성공할 수밖에 없게 되었다.

"성공까지 중요한 건

속도가 아니라 명확한 방향이다."

누가 자신이 수억 원을 들여 구매한 슈퍼카를 남들이 만져보고, 운전석에 앉아보는 것을 과감하게 허락할 수 있을까? 남들에게는 어려운 일이 그에게는 어렸을 적부터의 꿈이기에 너무 쉬운 일이었다. 이렇게 남과 다른 특이한 발상과 명확한 목표는 그를 자연스럽게 성공의 반열에 올려놓았다.

허황된 꿈이라도 명확한 목표와 구체적인 계획이 뒷받침된다면 그것은 더 이상 허황되거나 엉뚱한 것이 아니다. 오히려 이 시대에 필요한 새롭고 유쾌한 아이템이 된다. 중요한 것은 내 꿈이 허황된 것인지가 아니라, 내가 그것을 얼마나 명확하게 목표하고 있느냐인 것이다. 하지만 한가지 의문을 가질 수 있다. 목표가 없어도 돈만 많이 벌면 온갖 혜택을 누리며 행복해질 수 있지 않은가.

사실 사장님은 이전에 연매출 수십억에 달하는 IT 업계의 대표였다. 처음에는 '돈이 성공'이라는 생각에 사회에 막 들어선 이십 대 시절부터 최선을 다해 살았다. 돈이 없어 매끼 라면만 먹으면서 한 군데라도 더 회사 거래처와 계약을 성사하기 위해 아무리 먼 거리도 한달음에 달려갔고, 한여름에도 정장을 갖춰 입어 단정한 모습을 유지했다. 그렇게 성실히 노력한 끝에 그는 시급 백오십만 원에 달하는 소위 성공한 사람이 됐다.

그런데 막상 돈을 벌고 원하는 수준에 도달했지만, 전혀 행복하지 않았다. 막상 돈이라는 제한적 목표를 이루고 나니 자신이 하고 싶은 목표가 전혀 없다는 것을 깨닫고 우울증에 빠졌다. 타성에 젖어버린 그는 매너리즘에 빠져 헤어 나오지 못했다. 열심히 노력한 자신에게 주는 보상이 모자라서인가? 매일 술독에 빠져 쾌락을 좇아봤지만, 공허함만이 남았다.

오죽하면 지인들이 자신이 스스로 생을 마감할까 봐 아파트 창문을 보수해 막아놨을 정도였다. 만약 그의 목표가 그저 돈을 벌기 위해 IT 업계에 뛰어든 것이 아닌 IT 기술의 혁신을 통해 사람들에게 편리함을 주고자 하는 다른 목적의식이 있었다면 그 결과는 달랐을 것이다.

돈이 많든 적든 간에 인간은 살아가면서 매 순간 내가 이루고자 하는 목표가 있어야만 살아갈 수 있다.

목표에 몰두하는 게 성공을 가능하게 한다

인간을 살아가게 하는 원동력은 나에게 다가올 미래가 지나온 과거와는 다를 것이라는 희망에서 비롯된다. 앞으로 살아갈 삶이 지금껏 살아온 삶과 다를 바 없다면 좌절할 수밖에 없다. 그러나 삶이 있는 한 희망은 있다. 그럴수록 삶을 이어나갈 의지를 다져야 한다.

우리는 삶이 안정적이어야 한다고 믿는다. 안정적인 직장을 가지고, 안정적인 생활 패턴으로 살아가는 게 우리를 평온하게 만든다고 한다. 하지만 사실 인간 삶의 본질은 불안정에 있다. 흔들리고 불안정하며 하강을 반복하지만, 그 불안정 속에서 내가 어떤 가치들을 일구어내고 증명할 때 더 살아있음을 느낀다.

애초부터 안정적인 삶이란 세상에 존재하지 않는다. 안정적임으로써 내 가치가 희미해지는 삶은 존재할지 모르겠다.

앞부분에 언급한 <휴먼스토리> 영상의 메커니즘도 같은 맥락이다. 여러 가지 주제를 대중들에게 보이는 순간 사람들은 이탈한다. 시청자들도 영상을 보면서도 무엇을 얻어가야 할지, 이 사람이 무슨 얘기를 하고자 하는지 갈피를 잡지 못한다. 그래서 나는 아무리 좋은 이야기들이라 해도 시청자들이 내 영상에 집중할 수 있게끔 한 가지 메시지에 몰두한다. 한 가지 메시지에 몰두하여 명확한 정보를 전달하는 것이 바로 나의 목표이다.

운동을 업으로 삼은 이들 중 뜻하지 않은 부상으로 은퇴하는 일이 있다. 평생 운동만 해왔지만, 생계를 위해서 새로운 일을 다시 시작한다. 그런데 이들은 어떤 분야에 뛰어들어도 실패하지 않는다. 왜냐하면 그들은 자기 신체를 이용해 극도의 고통 상태를 이겨내며 '몰두'한 경험이 있기 때문이다.

"몰두의 경험은 인생에서
그 어떤 것과도 바꿀 수 없다."

무언가에 몰두해본 경험을 가진 이는 어떤 분야에 뛰어

들더라도 그 몰두해본 경험을 토대로 고스란히 몰두하기 시작하고, 일정 이상의 성취를 이룬다. 당신 자신에게 질문해보라. 당신은 안정적인 삶을 원했는가? 아니면 불안정해도 무언가를 성취하려는 삶을 살아감으로써 미래를 희망으로 채워가고 있는가? 그리고 그 과정에서 분명한 목표를 설정하여 나 자신에게 훌륭한 원동력을 공급하고 있는가? 미래는 꿋꿋이 만들어가는 자의 것이다.

04.
자기 일에 즐거움을 가진 사람이 성공한다

'열심히' 산다. 참 쉬우면서도 힘든 말이다. 애초에 '열심히' 자체가 추상적인 개념이며 '열심히 산다'라는 기준 찾기가 애매하다. 도대체 얼마나 열심히 해야 '열심히 산 것'일까? 같은 노력을 했으나 성공자와 실패자가 있다고 가정했을 때, 성공자의 '열심히'는 노력으로 인정받고, 실패자의 '열심히'는 그만큼 인정받지 못할 것이다. 그 결과에는 시대의 흐름이나 타이밍, 운과 같은 것들도 분명하게 작용하기 때문이다.

그렇다 보니 아무리 열심히 산다고 해도 실패가 거듭된다면 세상을 탓할 수밖에 없다. 심지어 세상은 불공평하다고 '될놈될(될 놈은 된다)'이라는 말까지 있다. 결국 중요한 건 열심히 하는 것이 아니라 애초에 세상이 내정해놓은 '될 놈'이 됐을 뿐이라고 세상을 향해 원망을 내뱉을 수밖에 없다.

성공한 사람을 보며 세상을 원망하게 되고, 세상을 향해 강하게 가졌던 '열심히 하는 것'의 원동력을 상실하게 된다. 그렇게 악순환은 시작된다.

그러나 내가 분명하게 말할 수 있는 것은 상위 1% 성공한 사람들 모두 처음부터 성공 가능성이 크지 않았다. 그들도 몇 번의 실패를 겪었지만, 세상을 원망하며 신세 한탄으로 시간을 보내지 않았다. 엎어진 땅에 손을 짚고, 꿇은 무릎을 일으켜 세워 다시 세상을 향해 일어나 나아갔다.

즉 '열심히 산다'의 진정한 의미는 현재 주어진 상황에 최선을 다하는 것이지만, 설령 실패하더라도 무너지지 않고 다시 일어설 수 있는 강인함까지 포함한다. 현재에 최선을 다하는 것은 정말 말 그대로 누구나 할 수 있는 일이지만, 실패가 다가왔을 때 다시 일어서는 것은 무너지지 않는 비범함을 가진 사람이 아니라면 쉽게 할 수 있는 일이 아니다.

애초에 '열심히'는 현재라는 시간에만 제한된 것이 아니라, 앞으로 다가올 미래까지 대비하는 굳은 결의를 의미한다. 따라서 현재가 좌절된다고 해도 자신에게 다가올 밝은 미래를 꿈꾸며 한발 한발 굳건히 나아가는 것, 그것이 바로 성공한 사람들의 원동력이었다.

"나를 실패의 구렁텅이에서 꺼내줄 사람은 그 누구도 아닌 바로 '나 자신' 이다."

덧붙여 진정 열심히 살아가는 이들의 공통적인 특징은 (가식처럼 들릴지도 모르겠지만) 단순히 돈을 벌기 위해 일하는 게 아닌 자신이 돈을 버는 수단을 통해 고객에게 제공한 서비스에 대해 스스로 자부심을 느낀다는 것이다.

이것이 왜 중요할까? 우리는 인간이기에 당연히 지친다. 최선을 다해 현재에 임하고, 무너질 때마다 다시 일어서며 열심히 일한다고 해도 인간의 체력적 한계는 있기에 당연히 지치기 마련이다. 일을 쉬고 싶고, 나가서 놀고 싶고 등 보상회로가 작동하며 끊임없는 게으름의 유혹이 다가온다.

하지만 진정 열심히 살아가는 이들은 이 보상회로를 쉬거나 노는 것 등으로 충족하지 않고, 자신의 노동 그 자체에 아예 보상회로를 만들어버린다. 손님을 만족시키는 것으로 뿌듯함을 느끼면서 노동과 보상을 동시에 충족한다.

성공은 곧 즐거움을 깨닫는 것이다

중학교 3학년부터 아르바이트로 돈을 벌었던 스물세 살 닭강정집 사장님이 있다(〈휴먼스토리〉 영상 제목 : 한 달 매출 2500만 원 사장님이 어린 나이에 장사에 뛰어든 이유). 사장님은 매일 새벽 4시에 퇴근하며 하루 열다섯 시간을 일한다. 자신이 원하는 목표 달성을 위해 일하지만, 여전히 레시피를 개발하며 맛을 업그레이드하고, 맛있게 먹어주는 손님들을 보며 매일같이 뿌듯함과 행복을 느낀다고 한다. 잠들기 전에 다음날 또다시 일터에 나가는 게 설렐 만큼 말이다.

"일의 즐거움이 최고의 보상이 될 수 있다."

이것은 노동과 보상을 함께 여기면서 생기는 현상이다. '열심히 일하면서 고객을 만족시키고, 노동과 보상을 동시에 충족한다.' 이런 추상적인 개념이 말도 안 되고, 정말 그게 가능한가? 생각들 수도 있다. 하지만 나는 그런 사람들을 직접 현장에서 목격했고, 그 사람들은 지금도 한 계단 한 계단 착실하게 성공의 길을 밟고 있다.

나 또한 〈휴먼스토리〉를 통해 유튜버가 되기 전에 중국집을 운영한 적이 있다. 아침 아홉 시부터 일을 시작해 밤 아홉 시까지 하루 열두 시간을 일하던 시절이다. 하루의 절반을 가게에 머무르며 나와 손님이 전부이던 세상이었고, 손님들로 인해 울고 웃었다.

만약 그런 상황에서 '매장에 갇힌 게 괴롭다'라고 생각하는 순간, 그 에너지(생각)는 자연스럽게 몸 밖으로 빠져나오고, 세상은 그걸 금방 알아차린다. 자연스럽게 손님들의 발걸음은 뜸해질 것이고, 가게는 무너져간다. 하지만 내가 열두 시간 동안 뿌듯함과 재미, 기쁨을 느끼며 일하면 반드시 그 기운은 상대방(손님)에게도 전해지고, 긍정적인 영향을 미치게 된다.

물론 평생 그런 삶을 살아갈 수는 없다. 하지만 끝도 없이 괴로움을 느끼며 일하면서 퇴근을 기다리고, 퇴근 후에도 다음 날 출근을 두려워하며 살 바에야 현재에 몰두하며 성공에 도달하는 최단 거리를 좁혀 나아가는 것이 현명한 방법이다.

지금의 안락보다 같은 삶을 반복하며 평생을 쳇바퀴 속에서 살아갈 것을 두려워하는 것, 두려움에서 더 나아가 그 안에서 즐거움을 찾는 것. 이게 성공으로 나아간 슈퍼휴먼들의 진정한 힘이다.

05.
성공과 사람 모두를 얻는 리더십을 길러라

사람이라면 누구나 한번은 '내 회사를 가지고 성공하고 싶다'라고 생각한다. 평생 누군가의 밑에서 일하기보다 대표님, 사장님이 되는 꿈을 꿀 것이다. 그러다 보니 당연히 '리더의 자질'은 이 시대의 큰 화두가 되고 있다. 처음부터 리더와 그를 따르는 사람이 정해진 것은 아니다. 나는 '리더는 만들어진다'라고 생각한다. 만약 자기 사업을 하고 싶고 리더를 꿈꾼다면, 지금 이 글에 집중해주기를 바란다.

〈휴먼스토리〉 채널의 특성상 내가 만나는 모든 사람이 사장님이나 대표님이다. 성공했든 실패했든 자신의 사업체를 이끄는 사람들을 만나게 된다. 그리고 실패한 이들과 성공한 이들의 차이는 극명하다. 그것은 바로 '자신을 믿고 따르는 사람들을 다루는 방법'에 있다.

"성공한 사업가의 주변에는 항상 좋은 인재가 함께한다."

현대 사회에서는 자신의 노력 여하에 따라 어느 정도의 성공을 거머쥘 수 있다. 성공과 관련된 수많은 정보와 방법, 마음가짐 등이 이미 소셜미디어에 널리고 널렸기 때문이다. 하지만 일정 수준의 성공에 다다르면 한 개인의 능력치로는 모든 업무를 할 수 없게 된다. 물리적으로, 시간적으로도 한계를 가지게 되기 때문이다. 그때부터 리더로 사는 삶이 시작된다.

그동안 수많은 리더를 만나면서 '훌륭한 리더'라고 느꼈던 사람들의 공통점이 있다. 바로 스스로 본보기가 되는 리더였다. 모든 걸 혼자서 일구어낸 사업체 대표는 직원들을 들이면서부터 역설적인 일이 생긴다. 혼자 해낼 수 없어서 월급을 주고 직원을 고용한 만큼, 대표는 직원들이 확보해 준 자기 시간을 사업 확장에 힘써야 한다.

그런데 지금껏 혼자 달려온 고난의 시간에 대한 자기 보상일까? 어느 정도 사업이 안정화되어 일정 수준에 도달한 '돈벌이'로 확보한 시간을 자기 자신을 위해 쓰게 되는 경우가 많다. 물론 잘못된 것은 아니다. 고생한 자신을 위해 보상회로가 작동했을 뿐이다. 그리고 문제는 거기서부터 시작된다.

좋은 리더와 나쁜 리더, 그 차이는 무엇인가?

대표자라면 자신이 처음부터 일구어온 사업체이니 각 업무에 대한 자신만의 만족스러운 기준이 있다. 직접 배우고, 부딪히고, 일구어낸 성과인 만큼 그 기준은 당연히 높을 수밖에 없는데 함께 일하는 직원들은 대표가 바라는 수준을 따라가기가 버겁다.

그리고 이 지점에서 '좋은 리더'인지 '나쁜 리더'인지 판가름할 수 있다.

먼저 나쁜 리더는 이 지점에서 '왜 이것밖에 안 되느냐'며 직원들을 탓한다. 대표 자신의 부재로 직원 교육이 이루어지지 않았고, 어쩔 줄 몰라 하면서도 고군분투하던 직원들을 생각하기보다는 '자기 기준'에서 자신이 해낸 것을 하지 못하는 직원들을 나무하며 '대표'로서의 권리를 누리게 된다.

물론 월급을 주는 대표로서는 충분히 그럴만한 권리가 있다. 하지만 같은 상황에서 진정한 리더는 직원들을 나무라는 것이 아닌 스스로 본보기가 된다.

조조칼국수 김승현 대표님의 이야기를 하고 싶다(<휴먼스토리> 영상 제목 : 연매출 120억 34살 칼국수집 사장님이 주차요원을 하는 이유). 그는 34살의 젊은 나이에 연 매출 120억 원의 칼국수집 사장님이다. 현재 8개의 매장과 공장을 보유하고 있는데, 출근하는 사장님을 옆에서 밀착취재하며 느낀 점은 '절대로 문제점을 지적하지 않는다'라는 것이다.

그는 출근해서 먼저 부족한 일손이 없는지 살펴본 후 문제점이 있다면 그 해결을 위한 대비를 하고, 자신이 직접 그 모자란 일손을 대신해준다. 게다가 슈퍼카를 몰고 다니면서도 매장에 웨이팅이 생기면 발레파킹을 한다. 사실 땡볕에서 발레파킹을 하는 건 결코 쉬운 일이 아니다. 물론 직원에게 시킬 수도 있지만, 김승현 대표님은 직원들이 자신이 맡아서 해야 하는 일에 집중하도록 자신이 직접 발레파킹을 했다.

즉 서빙하는 사람은 서빙만 하고, 음식을 만드는 사람은 음식만 만드는 등 직원들이 자신의 전문영역에 몰두할 수 있게끔 궂은일을 마다하지 않았다. 그의 이런 모습을 보면서 많은 돈을 벌었다고 대단한 사람이 되는 것이 아니라, 대단한 모습을 보일수록 직원들로부터 존경받으며, 그러면 사업체는 더욱 활성화된다는 것을 알게 되었다.

즉 스스로 본보기가 됨으로써 직원들은 대표님과 함께 일하며 사기가 올라갔고, 나중에는 대표님과 똑같이 디테일에 신경 쓰게 되는 것이다. 이것이 바로 백 마디 말보다 한 번의 행동이 더 강력한 힘을 가진다는 증거일 것이다.

"리더가 본보기가 되었을 때
진정한 리더십이 발휘된다."

김승현 대표님은 직원들이 행복해야 매장이 잘 운영된다고 항상 생각했다. 매장 직원들의 평균 연령은 스물여섯 살이었는데, 요식업 매장 취업을 극도로 꺼리는 요즘임에도 불구하고 젊은 친구들이 한 매장에서 쭉 일한다는 것만으로도 그동안 대표님이 그들과의 소통에 얼마나 많은 시간을 할애했는지 여실히 느낄 수 있었다.

대표님의 목표는 젊은 친구들에게 꿈과 희망을 주는 것이라고 한다. 훗날 자신의 곁을 떠나더라도 지금의 경험을 바탕으로 잘 될 수 있게 하려는 것이다. 직접 타이르거나 지적하지 않고, 자신의 곁을 떠나더라도 성공을 도모할 수 있도록 하는 것, 대표님의 이런 모습을 보면서 나는 이것이 바로 '진정한 리더의 모습'이라고 생각했다.

언젠가는 한 직원이 매장을 그만두고 정육을 배우고 싶다고 말했다고 한다. 그러자 사장님은 그 직원이 정육을 할 수 있게 아예 사업부를 만들어 기반을 만들어주었다. 그렇게 해서 지금의 공장까지 가지게 된 것이다. 애초에 자신의 밑에서 일을 배웠고 내공을 갈고 닦은 직원이기에 과감히 새로운 사업부를 만들었고, 이는 당연하게 성공으로 이어졌다.

자신이 직접 직원들의 본보기가 됨으로써 그들이 대표만큼 일할 수 있도록 하는 건, 말은 쉬울지 모르겠지만 정말 힘든 일이다. 높은 자리에 오를수록 실무보다 할 일이 많아지며, 늘어난 돈벌이만큼 나 자신에게 주고 싶은 보상이 많아지기 때문이다.

하지만 대표님은 여전히 사업의 최전선에서 본보기가 되고 있으며, 그 덕분에 대표님을 따르는 직원들은 대표님의 성장 공식을 그대로 배운다. 그러니 한 사업체를 맡겨도 될 정도로 성장하게 되는 선순환 구조가 생겨나는 것이다.

아무리 돈이 많아도 누군가에게 선뜻 새로운 사업을 내준다는 건 어려운 일이다. 하지만 대표님은 '본보기 되기의 힘'을 알고 있었다. 말보다 행동이 가지는 힘을, 즉 추상적인 말로 교육하기보다 직접 행동으로 보여주며 그들이 따라오도록 하는 것을, 그렇게 하면 자신처럼 성공할 수 있는 사람들이 계속해서 뒤를 따라온다는 것을.

고객 중심의 리더십이 조직 성장의 핵심이다

김승현 대표님이 사업을 할 때 가장 중요한 건 '고객 중심'이라고 한다. 요즘은 광고와 마케팅이 매우 중요한 시대다. 너나 할 것 없이 임청난 물량의 마케팅 투자를 한다. 그런데 왜 김승현 대표님은 마케팅보다 고객 중심의 전략을 강조하는 것일까? 구체적인 설명을 위해 김승현 대표님의 말을 인용하겠다.

"가게에 하루 3팀이든, 4팀이든 고객에게 진심으로 아낌없이 대해주면 그 4팀이 다음에는 8팀이 되고, 또 그다음에는 16팀이 되고, 16팀이 32팀이 되고 기하급수적으로 늘어납니다. 32팀부터는 60팀, 80팀 금방 늘어나고요. 제가 투자한 게 뭔가요? 광고요? 마케팅요? 저는 고객에게 투자한 겁니다. 물론 투자 효과는 마케팅보다 더딜 수밖에 없죠."

사실 김승현 대표님이 한 사업 업종은 20개가 넘는다.

그동안 의류, 닭강정, 분식, 한우 식육 식당, 곱창집, 칼국수, 육가공업체 등 수많은 일을 했다. 여기서 놀라운 건 20개가 넘는 가게 중에 실패한 곳은 한 군데도 없었다고 한다. 과연 어떻게 그것이 가능했는지 물어보았다.

모든 업종에서 공통으로 통합되는 것이 하나 있는데, 그건 음식이든 옷이든 무엇이든 소비하는 건 고객이고 사람이다. 사업 업종이 달라도 결국 구매는 사람이 하는 것이기에 중심을 고객에게 두고 사업을 시작하는 게 맞다는 것이다.

김승현 대표님의 말은 마케팅을 엄청나게 해서 고객이 많이 찾아와도 그들을 모두 만족시킬 수 없다는 신념에서 비롯된 것이다. 또한 현실적으로도 한 번에 고객들이 많이 몰려오면 불만족해 하는 일도 늘어날 것이고, 그러면 부정적인 입소문이 생길 수 있다고 판단했다. 김승현 대표님의 신념처럼 다소 시간이 걸리더라도 견디고 인내가 필요한 때가 있다.

만약 조급함에 준비 없이 급하게 나아가면 분명 내부에서도 뒷받침하지 못하고, 그러면 고객에게 만족스러운 서비스를 제공하지 못한다. 결과적으로는 입소문이 뻗어나가지 않는 것이다. 반대로 고객에게 확실한 서비스를 제공하면 가게에 대한 입소문은 좋게 퍼질 것이다.

조조칼국수 김승현 대표님 이외에도 성공한 사장님들의 리더십 이야기는 너무나 많지만, 그들 모두의 공통점은 바로 '본보기의 힘'을 알고 있었다는 것이다. 영화 〈명량〉, 〈한산〉에는 자신은 뒤로 빠지고 수하들을 최전선의 사지로 내모는 것이 아니라, 함께 사지로 뛰어들던 이순신 장군의 모습이 등장한다. 영화 속 대사처럼 '해낼 수 있다는 믿음과 끈기, 탁월한 능력'은 누군가 한 명이 나서기 시작하면 전염된다.

당신도 리더가 되기를 꿈꾸는가? 그렇다면 늘 자신을 믿는 이들과 최전선에서 고군분투하기를 바란다. 리더의 권한으로 명령하고, 행동 하나하나를 통제하기보다 자신이 먼저 본보기가 되어야 진정한 리더가 될 수 있다.

슈퍼휴먼들의 슈퍼 명언

'돈을 벌어야지'가 아닌 '사람'을 먼저 생각했다.
사람을 깊게 관찰하고 진심으로 공감하는 능력으로
진정성 있게 사람들을 대하고 만나며 살아왔다.
그게 바로 '휴먼스토리'다.

_김도훈(휴먼스토리)

06.
좋은 파트너가 성공에 중요한 역할을 한다

상위 1%의 성공한 사람들을 수없이 인터뷰하며 나는 늘 그들의 유능한 능력에 감탄하지 않을 수가 없었다. 자기 자신에 대한 믿음으로 자신의 시간을 기꺼이 포기하고, 실패를 감내하며 앞으로 전진해가는 자신감이야말로 그들의 '슈퍼 파워'의 원천이었다.

하지만 어떤 성공도 혼자서는 일구어낼 수 없다. 그들

은 자기 능력에 대한 확신을 넘어 자신의 동업자나 조력자들과 소통하는 능력도 발군이었다. 물론 자신을 믿지만, 더 큰 성공은 혼자서 이뤄낼 수 없다는 점을 스스로 인정하고, 다른 누군가를 믿을 때 능력은 더 크게 발휘된다는 것을 그들은 알고 있었다. 또한 자신에게 '좋은', 적합한 파트너를 택하는 기준도 남달랐다.

슈퍼휴먼들이 추구한 '좋은 파트너'의 조건은 크게 두 가지다.

첫째, 사업 지향점이 같다.

둘째, 내가 먼저 좋은 파트너여야 한다.

사업 목표가 같아야 한다는 것은 당연하다. 그런데 내가 먼저 좋은 파트너가 되어야 한다는 것은 신선했다. 내가 먼저 유능한 사람이 되고, 또 자신이 유능하다는 이유로 누군가의 가능성을 얕잡아보지 않고 함께 할 때 더 큰 시너지가 나오는 점을 자각하는 것. 그것이야말로 성공으로 가는 가장 빠른 지름길이었다.

앞서 말했듯이 성공한 이들은 리더로서 자신을 믿고 따르는 사람들을 대하는 태도에 큰 차이가 있었다. 이번에는 리더로서 사람들을 어떻게 대하는가를 넘어 성공한 이들의 인간관계를 살펴보면서 그들의 탁월함을 이야기하겠다.

협력의 힘이
성공으로 이끈다

나는 어떤 사람과 함께 하는 것이 가장 이상적인 인간관계인지 묻는다면 다음 네 가지 순위로 정의한다.

1. 성향은 다르지만, 지향점은 같은 관계
2. 성향이 같고 지향점도 같은 관계
3. 성향이 같고 지향점은 다른 관계
4. 성향은 다르지만, 지향점이 다른 관계.

먼저 성향은 다르지만, 지향점은 같은 관계가 왜 조력자로서 가장 적합한지 그 이유를 설명하겠다. 성향이 다르고 지향점이 같은 관계가 제일 이상적인 이유는, 같은 한 가지 목표를 향해 갈 때 서로 다른 성향으로 인해 상호 작용을 할 수 있어서다. 즉 일을 추진하는 과정에서 다른 의견이 주고받으며 최적의 결과를 만들어내게 된다.

조력하는 과정에서 상호 간에 뜻이 맞는 것도 좋으나 자칫 한 가지 생각에 고일 수 있고, 이것은 향후 마주할지 모를 리스크를 대처할 방안을 생각하지 못하게 만들기도 한다. 다시 말해서 지나친 확신은 방심으로 이어지기 마련이다.

그러나 비록 성향은 달라도 그 목표가 같은 이들은 함께 나아가는 과정에서 서로의 '다름'으로 지속해서 소통하고, 앞으로 맞닥뜨릴 상황에 대해서 더 치밀하게 준비할 수 있게 된다. 그런 이유로 나는 성향은 다르지만, 지향점은 같은 관계가 가장 이상적이라고 생각한다.

그 대표적인 예시가 바로 포드 자동차 회사를 설립한 헨리 포드(Henry Ford)와 제임스 쿠젠스(James Couzens)의 만남이다. 두 사람의 만남은 포드의 성장에 가속도를 붙였던 역사적 만남이다. 완벽주의자였던 포드는 제품의 성능이 만족스럽지 못하다며 출고를 막아선 적이 있다. 결국 계약일을 지키지 못해 거래처와 투자자들로부터 외면받게 됐고 헨리 포드의 첫 번째 회사는 파산하기에 이르렀다.

포드의 완벽주의 성향은 '좋은 자동차를 만든다'라는 점에서 탁월한 능력을 발휘할 수 있었겠지만, 시장 여건이나 투자자들, 상호 관계에 있어서 약속을 지켜야 하는 거래처와의 관계에 있어서는 도리어 치명적인 약점이었다.

그러던 중 1906년, 포드 자동차 회사의 부사장으로 쿠젠스가 취임했다. 그 당시 포드가 내놓은 모델은 엔진 과열과 브레이크 파열이라는 기술적 문제가 있었다. 역시나 포드는 이런 품질로 자동차를 판매할 수 없다며 고집부렸지만, 쿠젠스가 포드에게 "출고하지 않으면 회사는 파산할 것"이라고 충고했다. 완벽주의자 포드와 합리주의자 쿠젠스의 의견 충돌이었고, 이는 긍정적인 변화를 불러일으키게 된다.

앞서 말한 것처럼 '포드 자동차 회사를 성공시킨다'라는 같은 지향점을 가지고 있지만, 성향은 반대인 경우다. 쿠젠스는 포드의 완벽주의와 자신의 합리주의 사이에서 타협점을 찾았다. 즉 차를 먼저 출고하고 문제가 발생하면 정비사를 보내 수리하는 방법이었으며, 이때 얻은 정보는 바로 자동차 생산 라인으로 전달했다.

이 방법은 새로운 판매 방식과 생산 라인 표준화를 가속했고, 이는 곧 합리적인 공정 분업화로도 이어졌다. 그 결과, 기존 방식으로 보통 13시간 걸리던 자동차 생산 공정이 약 93분으로 단축되며 생산증대 효과도 커졌다. 만약 포드가 완벽주의만 고집했다면, 자동차 산업의 혁신은 존재하지 않았을 것이다.

또한, 단순하게 포드 자동차 회사가 망하는 것을 넘어서서 인류에게 자동차라는 것 자체가 요원한 것이 됐을지도 모른다. 둘 사이의 적당한 타협점은 한 회사의 성공을 넘어서서 인류에게 자동차라는 것을 보편적으로 공급하게까지 만드는 어마어마한 성과를 일구어냈다. 자동차라는 것이 특정 계층만을 위해 존재했을지도 모르는 것이다.

"성공한 사람의 곁에는 항상 좋은 파트너가 있다."

헨리 포드는 너무 뛰어난 능력을 지녔던 탓에 완벽함만 추구한 나머지 작은 실패마저도 두려워했다. 이는 탁월한 이들의 자연스러운 인간 본성이다. 자신이 탁월하다는 것을 스스로 잘 이해하고 있기에 누군가의 피드백을 쉽사리 받아들이기 어려운 것이다. 하지만 포드는 자기와 반대되는 성향을 지닌 또 다른 탁월한 이의 의견을 수용했고 역사적 대혁명을 일구어냈다.

이것이 바로 파트너십이 주는 힘이다. 즉 '1+1 = 2'가 아니라 '1+1 = 100'이 되는 시너지를 낼 수 있다. 이것은 수학적 결과물로 나오지 않으며, 서로의 협력이 빛을 발하는 순간, 수직 상승을 이뤄내게 된다.

또한 누군가와 조력할 때 더 눈부신 성과를 이루어낼 수 있다는 것은 유전학적으로 증명돼있다. 경쟁 상황에서는 인간은 상대방보다 더 좋은 결과물을 만들어야 한다는 압박감과 중압감에 시달리며 스트레스가 쌓이게 되지만, 긍정적인 협력 상황에서는 옥시토신이 분비되며, 스트레스 호르몬인 코티솔 수치가 조절된다는 연구 결과가 있다.

협력의 과정에서 이루어지는 의사소통은 단순히 개념적으로 더 좋은 결과를 도출하게 되는 것뿐만 아니라, 그 자체로 인간의 몸에 긍정적인 결과를 불러일으킨다. 누군가와 경쟁하듯 자기 능력을 과신하며 혼자 모든 것을 해내려는 사람은 스트레스와의 끝도 없는 전쟁을 치르지만, 협력하는 순간 기분 좋은 소속감을 느낄 수 있다.

도박이나 유흥, 마약 등은 인간의 몸에 자극적인 호르몬을 분비해주지만, 결국 끝에는 내성이 생기고 더는 흥미를 느끼지 못하게 함으로써 삶을 공허하게 만든다. 하지만 아무리 오랜 시간이 흘러도 가족과 친구들과 함께하는 시간에는 내성이 없다. 무리 지어 사회적인 동물로 살아가는 인간의 고유 능력이다.

따라서 협력은 인간이라는 종에게 내성 없이 기분 좋은 만족감을 주며, 더 좋은 결과물을 야기하고, 궁극적으로는 인간의 생존에 있어 핵심이다.

혼자 걸으면 길이 되지만, 함께 걸으면 역사가 된다

내가 인터뷰를 하며 만난 이들 또한 맨 처음에는 적자생존이라는 자본주의 사회의 통념에 맞추어 스스로 열심히 하며 자신의 성공을 증명하려고 하기 바빴다. 하지만 그 과정에서는 필연적으로 실패가 수반됐고, 그로 인해 쓰디쓴 실패를 맛보기도 했다. 수많은 갈등 끝에 누군가와 협력하는 법을 배우고, 최고의 결과는 결코 혼자 만들어낼 수 없다는 것을 깨닫고 난 뒤에야 한층 성장하고 성공을 거머쥐게 됐다.

성공하고 싶다면 자기 능력을 발전시키는 것도 중요하지만, 나와 함께 이 시련들을 헤쳐 나갈 사람을 찾는 안목을 기르는 것도 너무 중요하다. 내 능력을 뛰어나게 만드는 것과 동일선상에 놔야 할 정도로 중요한 일이다.

적자생존이라는 통념이 세간에 퍼지며 '적자(적응한 사람)만이 사회에서도 살아남는다'라고 많은 이가 믿게 됐다. 그러면서 누군가와 협력하기보다는 자기 능력을 과신하게 됐다. 하지만 적자생존이라는 개념은 신체적으로 환경에 적응하는 정도의 개념일 뿐이지 그 이상으로 확대될 개념은 아니다.

우리는 신체적으로는 이 지구의 환경에 적응해야 하지만, 사회 조직망에 있어서는 적응한 이들이 살아남는 것이 아니라 누군가와 기꺼이 협력하는 다정한 이들이 함께 살아남았다.

"모든 인간의 유전자에는 협력이 새겨져 있다."

런던대학교(UCL)에서 진화심리학을 가르치는 니컬라 라이하니(Nichola Raihani) 교수는 "협력은 인류가 함께 성공하는 데 빼놓을 수 없는 요소"라고 말했다. 냉혹한 현실의 온도 때문에 차가워지고 혼자 살아남으려는 이들은 결국 혼자 쓰러져 아무도 손을 내밀지 않는 사람이 되곤 했다.

성공하고 싶다면 다정해지기를 바란다. 다정한 따뜻함으로 누군가와 함께 나아가며, 상대방의 말에 귀를 기울이는 순간 당신의 성공은 한층 빨라질 것이다. 혼자 걸으면 길이 되지만, 함께 걸으면 역사가 된다던 누군가의 말처럼.

07.
성공자들의 이야기에는 시행착오가 담겨있다

〈휴먼스토리〉 채널을 운영하다가 보면 간혹 이런 댓글이 달린다. “너무 성공한 사람만 나오는 거 아냐?” 이 말에는 나 역시 어느 정도 동의한다. 〈휴먼스토리〉는 ‘성공스토리’가 아닌 그 사람의 삶, 자체의 이야기를 다루는 채널이니까. 내가 열심히 사는 분들을 촬영하고, 그들의 현장 모습을 담는 이유는 다음과 같다.

이들은 우선 삶의 '중압감'을 기본값으로 가져간다. 남들이 보기에는 지루한 삶의 루틴을 매일 지켜야 하고, 수많은 직원이 있고, 하루 18시간씩은 일해야 하는 삶이다. 나는 이들이 일하는 모습을 생생하게 담고 싶을 뿐이다. 대개 성공담을 떠올리면 잘 포장된 이야기, 또는 말이나 글로 보는 역경 이야기를 접하곤 한다. 그건 직접 본 게 아니기 때문에 사실이 아닐 수도 있고, 보는 사람에 따라 크게 와닿지 않는다.

그뿐만 아니다. 일반 사람의 이야기를 담아낸다면 그 나름대로 공감대 형성을 할 수는 있겠지만, 흥미를 느끼지는 못할 것이다. 왜냐하면 나의 삶과 크게 차이가 없어서다. 하지만 그 자리를 지키기 위해 중압감을 견디며 한 단계씩 계단 오르듯 전진하는 사람들의 이야기는 흔하게 접할 수 없다. 게다가 현장을 고스란히 담는 건 더욱더 접하기 어렵다.

지금은 자영업자 사장님 위주로 그들의 인생을 담고 있지만, 내 목표는 더 성공한 기업가, 이를테면 삼성의 이재용 회장 같은 분들의 이야기를 담아내는 것이다.

동기부여가 된다면
더 큰 성공을 이룬다

드라마나 영화 대부분의 미디어에서 '돈 얘기'는 빠지지 않듯, 자본주의 사회에서 살아가는 우리에게 경제문제는 최내의 관심사라고 볼 수 있다. 돈 때문에 힘들고 갈등도 일어나지만, 반대로 돈 덕분에 행복해지기도 하기에 나는 사람들이 말하는 '성공한 사람들의 이야기'를 담는 것 같다.

그들의 이야기에는 단순한 성공담이 아닌 실패담도 많으며, 성공까지의 과정에서 얻은 모든 시행착오가 담겨있다. 바로 이 점이 〈휴먼스토리〉 채널의 정체성이며 이를 충분히 잘 담아냈다고 자부한다.

기존의 천편일률적인 자기계발서처럼 성공한 사람들의 노하우나 공통점은 언뜻 비슷비슷해 보이지만, 그들의 사연은 천차만별이다. 마찬가지로 자신이 처한 환경에 따라 영상을 시청한 소감은 다른데 누가 어떤 영상을 보는지 알 수가 없고, 경우의 수를 따지기도 어렵다. 하지만 나와 비슷한 사연, 어려운 환경에 있었던 사장님의 이야기를 들으면 그때는 동기부여가 된다.

대개의 사람은 자신과 비슷한 사람의 모습을 보면 감정이입을 하는 습성이 있기 때문이다. 이 과정을 통해 '할 수 있다'라는 강력한 확신과 용기를 얻는다. 이 때문에 더욱 많은 사람이 성공의 추월차선을 밟아갈 수 있도록 수많은 에피소드를 들려주는 단편 성공 스토리를 담는 게 〈휴먼스토리〉의 취지이다.

세상에는 자극적이며 다양한 재밋거리가 많지만, 반대로 진취적이고 자신만의 목표와 꿈을 이루려는 사람도 많이 있다. 나는 이 사실을 잘 알기에 성공한 사람들이 중압감을 견디며 앞으로 나아가듯 나 역시 메신저로서 즉, 사장님들의 성공담과 핵심 인사이트를 고스란히 담아서 많은 사람에게 전달하는 책무가 있다.

또한, 이것은 자본주의 사회를 살아가는 우리가 더욱 잘될 수 있는 '휴먼스토리식' 선순환 구조를 만드는 프로세스라고 믿는다. 그렇기에 난 알면서도 영상을 시청하시는 분들이 궁금해할 법한 질문을 한다. 가끔 어떤 사람들은 "그것도 모르냐?" 비난하지만 나는 아랑곳하지 않는다.

내가 옳다고 믿는 길을 가는 데 있어서 방해되는 건 주변의 말도, 환경도, 집안 문제도 아니다. 내가 해야 할 일이 무엇인지 알고, 이에 대한 책임감을 느끼며 묵묵히 할 일을 완수하는 것이다.

열심히 성공을 향해 나아가는 사장님들과 대화하다 보면 처음에는 서먹서먹하지만, 때론 끝나고 뒤풀이도 함께 하고 남자 사장님과는 목욕탕에도 같이 가곤 한다. 이런 과정에서 유대관계가 생기면서 대화를 주고받으면 점점 큰 정보들이 나오기 시작한다. 이건 일반적인 인간관계에서도 비슷하게 적용된다고 본다.

"처음부터 뭔가를 얻으려고 접근하면 아무것도 얻지 못한다."

특히 잘 된 사람일수록 더더욱 그렇다. 이들도 얼마나 많은 질문과 사기꾼 같은 사람들을 접했겠는가? 오히려 솔직하게 대화하다 보면, 알아서 친해지고 어느새 유대관계가 깊어진 친구 사이가 된다. 이들을 인터뷰하다 보면 나와 성향이 비슷한 사장님을 자주 만나는데 이건 우연이 아닐 것이다.

내가 운영하는 채널의 규모가 큰 것도 있겠지만 가치관, 지내는 환경, 일을 대하는 태도 등 여러모로 맞물리는 부분이 있기에 그럴 것이다. 그렇기에 나도 현장에 들어갈 땐 사장님들의 일정에 맞춰서 똑같이 움직인다.

누군가는 왜 이렇게까지 하나 싶을 것이다. 그 이유는 간단하다. 나도 이들과 비슷한 인간이기에, 크리에이터로서 사는 삶이 사장님들이 자신의 본업에 충실하며 사는 것과 똑같기에 살인적인 스케줄도 매번 소화할 수 있는 것이라 믿는다.

하루를 열심히 사는 게
하루빨리 성공을 이뤄낸다

하루하루를 소중히 여기며, 늘 성실한 태도와 진실한 마음으로 더 나은 삶을 만들어가겠다고 다짐했을 때 생각나는 분이 있다. 바로 영림의 황복현 회장님이다(〈휴먼스토리〉 영상 제목 : 매출 4000억 재벌 회장님의 하루). 당신이 생각하는 재벌은 어떤 이미지인가? 막대한 부, 호화로운 생활 등 자신과는 전혀 다른 삶을 사는 사람이라고 생각할 것이다.

황복현 회장님은 연매출 4,000억 원대의 회사를 운영하는, 소위 말하는 엄청난 성공을 이뤄낸 분이다. 그는 가족들과 떨어져 인천에서 숙소 생활을 하는데 출근해서 매일 7만 평이 되는 공장을 점검하는 것으로 하루를 시작한다. 영림은 영림임업, 영림산업, 영림화학 등 자회사를 두고 창호, 욕실, 마루 등 인테리어 전 제품을 생산하는 기업으로 이미 업계의 선두주자다.

그럼에도 불구하고 매일 공장을 점검하는 루틴을 유지하면서 더 발전시킬 것은 없는지 항상 직접 챙기고 있었다. 심지어 현장에 있는 몇천 명의 직원들이 회장님의 얼굴을 다 알고 있었다. 회장님의 나이가 70대인 점을 생각해도 웬만한 젊은이들보다 하루하루를 소중히 여기며 살고 있었다.

나는 회장님의 모습을 통해 꾸준함의 중요성을 다시 한번 되새겼다. 자신이 하는 일들의 재미가 있거나 없거나, 자신감이 있거나 없거나를 떠나서 이 일이 나의 사명이자 살아가는 이유라 생각하고 꾸준하게 하루하루 열심히 살다 보니 이렇게 성장하신 것이다.

사실 회장님은 지금의 영림으로 성장하기까지 특별한 큰 목표는 없었다고 한다. 단기적인 목표를 세우면 그런 성취를 이룰 때마다 동력이 떨어진다고. 그래서 큰 목표에 잡히지 않고 아침에 일어나면 저녁까지 성실하게 일하는 것을 기준으로 삼았다고 한다.

"하루하루 평범하게 열심히 살다보면 비범한 결과를 얻을 수 있다."

회장님과의 인터뷰를 통해 나는 '열심히 해봤냐'와 '안 해봤냐'의 차이를 알 수 있었다. 사실 나는 다른 사람을 인터뷰할 때 그 사람의 진정성을 알 수 있는 지경까지 이르렀다. 스스로 직접 부딪혀 일하고 문제를 해결한 경험이 있는 사람은 굉장히 디테일한 답변이 나온다.

또한 나 자신을 되돌아보니 나는 매 촬영이 끝나면 숙소에 들어가서 편집하고, 다음 촬영지로 향했다. 잠을 안 자고 눈뜨고 있는 시간 내내 〈휴먼스토리〉 채널에 집념했는데, 어떤 식으로 인터뷰하면 좋을지부터 매 순간 촬영

구상을 했다. 나는 〈휴먼스토리〉를 시작할 때부터 지금까지 하루도 빠짐없이 하루 12시간 이상 유튜브를 보며 구상하는 루틴을 가지고 있다.

이번 주는 대구, 다음 주는 부산, 그다음 주는 서울 등 전국구를 찍어도 내가 멈추지 않는 이유는 이 모든 과정이 나의 프라이드에서 비롯된 중압감이며, 이는 내가 해야만 하는 책무와 같은 것이다. 성공했다고 그들의 모습을 우러러보며 부러워할 필요 없다. 거대한 부를 손에 쥐는 영광은 피땀 눈물을 흘리는 것을 넘어 아예 자신을 갈아 넣지 않으면 불가능한 일이다.

특히 부모님에게 물려받은 자산이 없다면 더더욱 그렇다. 이 책을 읽는다면 자기 계발에 관심 많은 독자일 것이다. 그렇다면 이 책을 읽은 후 '아 그렇구나'하고 넘어갈 게 아니라 스스로 중압감을 가질 정도의 프라이드를 내걸고 할 수 있는 본업을 찾아서 충실히 살아봐라. 그러면 내가 최선을 다하는 것을 넘어 목숨 걸고 살고 있다는 것을 실감하게 될 것이다.

그제야 진정한 의미로 공감하며 겸손해질 것이다. 더 높은 사람들이 있다는 사실에 경악을 금치 못할 것이다.

그러나 나는 당신이 한 번 사는 인생에서 몸과 마음, 신념을 불태우며 살아갔으면 한다. 다른 사람의 인생 속 하이라이트를 보며 부러워하기보다, 나의 인생을 개척하면서 매번 기록을 경신하는 삶을 사는 게 더욱 생명력 있는 삶이라 믿기에.

08.
되고 싶은 모습을 그리면 무조건 된다

자신이 이루고 싶은 목표를 계속해서 상상하고, 시뮬레이션 하다 보면 실제로 그 목표가 이루어진다는 말이 있다. 믿거나 말거나 목표를 눈에 보이게 적어놓거나(시각화), 끊임없이 상상하는 건 성공한 사람들이 공통으로 주장하는 핵심 노하우이다. 그렇다면 왜 눈에 보이게 시각화하거나 상상을 하는 건 효과가 있는 걸까? 우리 인간의 생물학적인 메커니즘을 간단하게 이해하면 된다.

인간의 뇌는 우리가 하는 상상이 실제인지 상상인지 구분하지 못한다고 한다. 그래서 머릿속에 상상한 생각들은 현실에서 이것을 이뤄내기 위해 일을 한다는 것이다. 또한 우리의 눈은 뇌와 밀접히 연결되어 있어서 눈으로 바라본 세상에서 들어오는 정보가 뇌를 지배한다. 그 이유는 뇌에 전달하는 통로가 되는 시신경이 많이 있기 때문이다. 그러므로 안구를 통해 들어오는 정보량이 다른 신체 기관 보다 압도적일 수밖에 없는 것이다.

세계적인 베스트셀러 작가이자 동기부여 전문가인 사이먼 시넥(Simon Sinek)은 “뇌는 부정의 개념을 모른다. ‘하지 말라’는 건 꼭 한다”라고 말했다. 예를 들어 ‘강아지를 생각하지 마세요’라는 문구를 읽으면 자연스레 강아지가 떠오를 수밖에 없는 것처럼 말이다. 우리 뇌는 ‘하면 안 된다’라는 생각을 할수록 더욱 강조되는 효과가 있다.

좀 더 이해되기 쉽게 설명하면, 다섯 살 아가에게 “밥 먹는 시간에 일어나면 안 돼”라고 말하는 것보다 “밥 먹을 때는 식탁에 앉아서 먹어야 해”라고 말하는 게 바람직하다. 즉 앞서 설명한 두 가지 메커니즘으로 인해 우리는 눈으로 접하는 것과 생각하는 것이 뇌에 어떤 영향을 주고, 어떻게 활용해야 할지에 대해 조금이나마 감 잡을 수 있다.

꾸준한 도전으로 커다란 성취를 경험하라

목표나 꿈을 눈에 보이게 적어서 매번 바라보는 일, 포스트잇을 작업 장소나 컴퓨터에 붙여놓거나 핸드폰 배경 화면으로 설정하는 일, 그 외에 내가 바라는 모습을 매일매일 상상하고 생각하며 '그대로 이루어질 것'이라고 머릿속에서 믿는 일은 내가 어떤 사람이라 할지라도 세운 목표에 대해 무조건 잘될 수밖에 없는 인간이 되도록 돕는 것이다.

반대로 '안 된다'라고 생각하면 그 말이 현실이 되기에 되는 쪽으로만 생각해야 한다. 〈휴먼스토리〉 채널을 운영하기 전에 나는 개그맨과 MC 5년, 자영업 장사 5년, 총 10년을 일했다. 가게는 무려 세 개까지 운영했고, 가게에서 자는 건 일상이었다. 무조건 성공한다는 생각은 머릿속뿐만 아니라 몸도 지배하여 삶을 그렇게 산 것이다.

어떻게 보면 자영업 하시는 사장님들이 하루 10~18시간 가까이 일하는 것에 공감할 수 있는 것도 과거의 장사 경험 때문에 가능한 일이다. 또한 인터뷰를 능숙하게 해서 사장님들과 친해지는 것도 진행자 역할에 도가 텄기 때문에 좋은 시너지가 난 것이다.

"된다고 믿어도 좌절의 순간은 반드시 찾아온다."

그런데도 '결국 해낼 수 있다'라고 자신 있게 말하는 건, 나의 그 작은 점(点) 같은 경험이 다른 작은 점의 경험과 연결되어 선(線)을 이루어 연결되다 보면 마침내 내가 바라는 청사진을 지금 눈앞의 현실로 살게 된다는 말을 전하고 싶다. 적당히 일하면서 할 일도 미루고 즐기는 것에 빠져있다면 불가능한 일이다.

나 역시 〈휴먼스토리〉 채널을 만들고 유튜브를 시작했을 때 유튜브 외에 아무것도 하지 않았다. 취미도 없었다. 취미 자체가 사람 만나는 것이니 촬영하다 보면 그것 역시 충족된다. 쉴 때는 산책하거나 다른 사람의 유튜브를 보며 분석하기도 한다. 이렇듯 나와 적성이 맞아서 가능한 일을 하되, 안 되는 일은 붙잡지 않았으면 한다.

만약 당신이 조금이라도 잘하는 게 있고 재능의 잠재력을 발견했다면 그걸 밀어붙여라. 이를 찾는 방법은 내가 '성취감'을 얻었냐, 아니냐의 차이다. 내가 중국집 가게를 운영했을 때 기뻤던 건 손님들이나 직원들이 음식을 맛있게 먹어줬을 때 행복했다. 그다음 한 달 정산을 했는데 수익이 됐을 때 더 큰 성취감을 느꼈다.

개그맨 시절도 마찬가지다. 내가 웃겼을 때, 열심히 준비한 퍼포먼스를 사람들에게 선보였는데 반응이 좋았을 때 나름 성취감을 느꼈다. 즉 당신이 해야 할 일은 성취감을 느낄 때까지 적어도 계속 상상하며 눈에 보이게 시각화한 것을 이루기 위해 멈추지 말라는 것이다. 시각화와 상상력이 목표에 달성하기 위한 도구라면, 성취감은 그 일을 계속 이어갈 수 있는 원동력이 되는 것이다.

그럼 그 원동력의 반복이 나라는 사람에게 더 높은 이상을 꿈꿀 수 있도록 도와준다. 여기서 주의해야 할 건 결과가 좋게 나왔을 때다. 더 파고들어서 잘할 생각을 해야지 돈이 어느 정도 벌리고 사회적 위치가 올라가면 바로 다른 생각을 하기 쉬운데 이때를 경계해야 한다.

스위스의 철학자 칼 힐티(Carl Hilty)는 "오만은 항상 상당한 어리석음과 관련돼 있다"라고 말했다. 늘 파멸의 한 걸음 앞에서 나타나며 오만해지는 순간 이미 승부에 지고 있는 것이라고. 내가 성취를 이루고 원대한 목표를 향해 나가는 건 바람직하지만 여기서 '과장'이나 우월하다는 걸 인정받고 싶은 마음이 생기면 공허해진다.

오만이 반복되면 여기서 헤어 나올 수 없고, 과거의 영광에서 벗어나지 못한다. 흔히 말하는 "내가 왕년에는 말이야"라는 말을 입에 달고 살게 되는 것이다. 뒷걸음질 치며 퇴보하지 않기를 바란다. 꾸준히 할 일을 집중해서 하며 걱정할 시간에 그 에너지를 행동에 옮기는 것에 써라. 더 잘 되기 위해 연구하고 노력하는 걸 아예 나의 몸과 뗄 수 없는 습관 그 자체로 만들어라. 이 마음가짐으로 자신의 분야에 도전하는 사람은 나중에 기대했던 것 이상의 보상을 받는다고 자부한다.

누군가는 나를 두고 "단지 유튜브가 잘 된 것이 아니냐"라고 평가하기도 하지만, 예전에는 밤마다 누워서 잠들기 전 '조회 수가 잘 나오면 진짜 행복하겠다'라고 혼자 웃으며 상상했었다. 물론 지금은 내게 좋은 네트워킹이 생겼고, 말도 안 되는 좋은 기회가 다가온다. 그저 조회수만 잘 나오길 바라던 상상은 이제 현실이 됐고, 내가 꿈꾸는 이상에 와보니 그 이상의 것들을 누릴 수 있게 됐다.

요즘 시대에는 정보가 워낙 많다 보니 사람들의 선택 폭이 넓어졌다. 이건 장점이자 단점이 될 수 있다. 식당에 갔는데 메뉴가 너무 많으면 고르기 힘든 것처럼 말이다. 진짜 맛집은 잘하는 음식 한두 개밖에 없다. 이렇듯 당신도 선택의 폭을 줄이고, 잘하는 한 가지만 미친 듯이 파라. 아무것도 없고 스스로 평범하다고 생각하는 사람일수록 다른 미래를 설계하는 건 그다음에 해도 늦지 않는다.

09.

불안정하더라도 만족하는 삶을 살아가라

대부분 자기 삶에서 '안전한 길을 선택하느냐, 아니면 모험을 거느냐'는 필수 논쟁이자 토론 거리이다. 매해 도전의 연속인 창업을 시작하는 사람들도 있고, 안정적으로 공무원 시험을 보는 사람들이 있으니 말이다. 이런 선택은 자신의 가치관이나 환경에 따라 저마다 결정하는 것이므로 어느 것이 '정답'이라고 정의하기 어렵다.

다만 스스로 한 선택과 결정을 후회하거나 '내 삶이 불행하다'라고 느껴진다면 분명 무언가가 잘못된 것이다. 이런 내면의 신호를 놓치지 마라. 대수롭지 않게 여겼다가는 나중에 세월이 지난 후, 젊을 때 도전하지 못한 후회에 빠져 '그때 ~했더라면…'라는 무의미한 생각을 하게 된다.

이런 생각을 하면 회사를 퇴사하고 등산 유튜브 크리에이터로 활동하는 한 여성이 떠오른다(〈휴먼스토리〉 영상 제목 : 28살 소녀가 직장 관두고 등산으로 대기업 연봉 버는 이유). 28살의 젊은 나이에 등산을 즐기는 그녀는 자신이 운영하는 유튜브 채널에서 다년간의 산행으로 다져진 똑 부러진 설명과 재치 있는 입담으로 전국 곳곳의 숨은 명산들을 안내한다.

하루 10시간씩 등산하며 무릎이 아파도 즐거워하는 그녀의 모습은 여전히 눈앞에서 보듯 생생한 기억으로 남아있다. 그녀는 등산 유튜버로 활동하기 전에는 무역회사에 다녔는데, 자신에 대한 분석이 덜 된 상태에서 학과(전공)에 맞춰 들어간 회사이다 보니 직장 생활이 만족스럽지 않았다고 한다.

사실 누구나 나이 불문하고 자신의 진로 선택을 고민하지만, 백날 앉아서 교육받거나 고민한다고 해결되는 것도 아니다. 마치 백두산 정상을 직접 가봐야만 정상에서 느껴지는 자연 속의 경이로움을 온몸으로 받아들여 산의 위대함을 알 수 있듯이, 나의 만족도를 높이는 업(業)을 찾아가는 것도 자아실현을 이루는 과정 중 하나라고 생각한다.

"결국 겪어야만 나의 진로를 찾을 수 있다는 애기예요?"라고 묻는다면 나의 대답은 "NO"다. 만약 자기에게 맞는 직업을 찾을 때 '직장 체험'이 전부라면, 그건 학창 시절에 한 번씩 겪는 직업 체험을 통해서 진로를 찾을 수 있다. 하지만 적성에 맞는 일을 찾아간다는 건 나의 행복과도 직결된다. 그렇기에 직장인들 사이에서 회사 생활이 힘들다는 말이 입버릇처럼 나오는 것이다.

스스로 만족하지 못하고, 만족할 수도 없는 환경에서 시간을 보내면 '회사는 월급만 받는 곳'이라는 고정관념이 생기기 시작한다. 물론 이 세상은 '결과 중심'이지만, '과정'이 없다면 스스로 만족감이 생기지 않는다. 반드시 물리적으로 역동적이어야만 하는 건 아니다. 그저 내가 하는 일 하나하나가 그럭저럭 괜찮고, 어느 방면에서든

나만의 기준에서 재미를 얻을 수 있다면 그건 분명히 나와 천생연분의 업이다.

자신을 이기는 사람이 진정 강한 사람이다

〈휴먼스토리〉 채널을 운영하면서 한 가지 아쉬운 점은 내가 직접 현장에서 겪은 것을 구독자들은 똑같이 못 느낀다는 점이다. 유튜브 알고리즘의 선택을 받기 위해, 조회 수가 잘 나오기 위해서는 실질적인 현장의 고충보다 하이라이트 부분만 담아야 한다.

즉 우리가 일상에서 회사 일을 하거나 학교 수업을 받는 것처럼 규칙적인 생활에서 비슷한 루틴이 있는 실제 현장을 담는 게 아닌 하이라이트 부분만 요약해서 보여주며 재미와 교훈, 생생함을 담아야 하기에 아쉬울 때가 많다.

등산 유튜브 크리에이터인 그녀를 촬영할 때도 그랬다. 작은 키에 왜소한 몸집인 그녀는 어린 시절부터 어머니의 걱정과 사랑에서 나오는 잔소리를 많이 들을 만큼 '귀한 딸' 대접을 받으며 자랐다. 하지만 등산을 할 때 '나'를 챙길 수 있는 건 자신뿐이다. 오직 자신과의 싸움이고, 그 시간은 짧게는 1시간에서 길게는 10시간 혹은 그 이상이 될 수 있다.

생각해 본 적 있는가? 휴대폰만 있으면 온갖 정보를 알 수 있고, 사회적 이슈는 물론 지인이나 유명인의 소식을 알 수 있는 간편한 세상에서 오롯이 '나와의 싸움'을 한다는 건 생소하게 느껴질지도 모른다. 자신과의 싸움을 '외로움'으로 치부하며, 그 공허함을 달래기 위해 다른 수단을 찾으면서부터 문제가 생기는 것이다.

내 인생의 만족도를 높여줄 만한 일을 찾는다는 건, 자기 자신과 보내는 시간을 어떻게 대하느냐에 따라 결과가 달라진다. 여기저기 주변 사람에게 의존하며 타인이 말하는 대로 따라가면 결국 남는 건 원망의 감정이거나 '진정한 나'를 찾지 못하는 현실뿐이다.

내가 보아왔던 슈퍼휴먼들은 모두 고독한 자기 자신과의 싸움을 매일 끊임없이 하는 사람들이다. 지금 이 책을 읽고 있는 당신도 마찬가지라 생각한다. 나를 마주하며 행복의 초점을 어디에 둘지, 어떤 일을 할 때 만족감을 느끼는지, 어떤 성과를 낼 때 성취감을 느끼는지 등 나만의 '등산 코스'를 밟아가며, 그 과정에서 정답을 찾아보자.

"평범한 순간도 결정적 기회로 바꾸는 경험을 쌓아야 한다."

내가 옳다고 믿을 수 있는 신념의 뿌리는 수박 겉핥기식의 경험이나 간접적으로 들은 지식으로는 채울 수 없다. 오롯이 내가 직접 세상 속에 뛰어나가서 겪은 경험만이 나의 업을 찾는 유일한 지름길이다.

자승자강(自勝者强)이란 고사성어가 있다. '자신을 이기는 사람이 진정으로 강한 사람'이라는 뜻으로 남을 아는 것보다 자신을 아는 것, 남을 이기는 것보다 자신을 이기는 것이 더욱 중요하다. 등산할 때 의지할 사람이 나밖에 없듯, 나의 길을 찾는 것 역시 누가 대신해 줄 수 없는 일이다.

어제의 자신을 넘어 강인한 당신이 되길 바라면서 내가 좋아하는 구절을 인용하며 마치겠다.

"사람은 자기 자신과의 싸움을 시작할 때 비로소 가치 있는 사람이 된다."

_로버트 브라우닝(Robert Browning)

10.
나를 움직일 수 있는 건 나의 의지뿐이다

나의 유년 시절은 지극히 평범했다. 자수성가하여 부자의 삶을 사는 이들은 단칸방에서 온 가족이 살았다거나, 매 끼니를 제대로 못 먹었다거나 등 어렵고 불우한 사연이 있기 마련인데, 나는 특별한 이슈 없이 어린 시절을 지나 비교적 순탄하게 성장했다. 오히려 나는 어렸을 때부터 남 웃기기를 좋아하고, 사람들이 나로 인해 웃는 것이 즐거웠다.

학창 시절, 반마다 한 명씩은 꼭 있는 '개그쟁이' 아이가 바로 나였는데, 자연스레 친구들이나 주변 사람들 모두 나를 '개그맨이 될 사람'이라고 생각했다. 나는 엠시(MC)가 되고 싶었다. 내가 생각하는 엠시는 유머와 재치로 프로그램을 진행하며 다른 사람들에게 즐거움을 주는 멋진 직업이었다.

어쨌든 학창 시절의 나는 워낙 남들 앞에 나서는 걸 좋아하고, 말장난도 즐기며, 장난을 치더라도 친구들보다는 더 짓궂게 장난을 쳤다. 그 덕분에 담임 선생님에게 혼나기 일쑤였던 학창 시절로 기억한다.

무난한 10대 시절을 보내고, 20대 초반 군대에 입대했다. 한창 군 복무를 하다가 드디어 첫 휴가를 나왔는데, 집 비밀번호가 바뀌어 있는 게 아닌가? 이때부터 집안이 휘청거릴 정도로 경제적 어려움이 닥쳐왔다. 그런데도 부모님은 내가 금전적인 문제로 걱정할까 봐 "괜찮아, 넌 네 할 일만 해"라고 말씀하시며 나를 안심시켰다.

어려움 속에서도 할 수 있다는 용기와 긍정적인 기운을 주신 부모님 덕분에 나는 지금도 그 정신을 물려받아 어떤 어려움도 극복할 수 있다는 자세로 살아가고 있다. 특히 아버지는 시골 출신임에도 자기 사업으로 자수성가에 성공한 분이시다 보니 웬만한 어려움에도 초연하셨고, 나 역시 낙천적으로 생각하고 살아가는 방법을 터득했다.

노력은 절대로 배신하지 않는다

그러나 어떤 어려움 속에서도 반드시 성공할 것이라는 나의 믿음과는 별개로 눈앞의 현실은 냉혹했다. 원래 살던 넓은 아파트에서 좁은 집으로 이사하는 날, 나는 '앞으로 드라마 같은 삶이 펼쳐지겠구나'라고 직감했다. 당장 해결해야 할 문제도 무시할 수 없었고, 이때부터 내 삶에 대한 강한 책임감이 솟기 시작했다. 그리고 이제 '말뿐인 삶'은 끝내고 싶었다.

사실 그동안 말로만 엠시의 꿈을 꿨지, 구체적으로 어떻게 시작할지 계획조차 없었다. 군 복무를 마친 나는 먼저 개그맨이 되고자 서울예술전문학교에 입학했고, 대학 생활 내내 아르바이트로 학자금을 보태면서 개그맨 공채 시험에 계속 도전했으나 떨어졌다. 나는 고향에서 내가 제일 웃겼기에 서울에 올라갈 때도 자신만만했는데, 전국에서 날고 기는 사람이 모두 나오니 난 별로 안 웃긴 사람이었다.

이 사실을 깨닫고 웃찾사 극장에 들어가게 됐다. 공연 경험을 쌓아 개그 능력도 키우고, 또 극장에서 잘하면 특채로 방송에 나갈 수 있는 시스템이 있었기에 '기회다' 싶었다. 레크리에이션 강사를 하며 돈을 모으고, 열심히 개그를 배우고, 공연에 매진한 결과 당시 '국민 예능'으로 불린 〈스타킹〉에도 출연했다.

또한, 각고의 노력 끝에 제3회 부산국제코미디페스티벌(BICF)에서 일등을 했다. 농구공으로 프리스타일 묘기를 부리며 콩트를 준비했는데, 본 공연 때 많은 사람이 함께 즐기며 웃는 표정을 보면서 그동안 나의 모든 노력이 보상받은 것만 같았다.

그 뒤로 개그맨으로서의 일이 잘 풀릴 것 같았지만, 대중의 관심은 멀었고 수입도 부족해 생계를 유지하기가 힘들었다. 유명한 개그맨이 된다는 건 하늘의 별 따기만큼 어려웠고, 엠시가 되고 싶은 나의 꿈은 점점 사라져갔다.

현실은 정말 냉혹하다. 나는 노력해도 달라지지 않는

현실 속에서 회의감이 들었고, 계속된 경제적 문제로 좌절감에 빠졌다. 바로 그때 장사를 해야겠다고 생각했다. 여러 아이템을 찾다가 초기 창업 비용이 비교적 저렴한 면 요리를 하기로 하고 바로 고향에 내려가서 장사를 시작했다.

"장사의 경쟁력은 절박함에서 나온다."

나는 가게에서 잠을 자는 등 거의 가게에서 살다시피 하며 열심히 일했다. 그렇게 일한 결과, 가게는 계속 늘어나고 잘 되기 시작했다. 비록 몸은 고됐지만, 그만큼 돈은 많이 벌리니 보람은 있었다. 이렇듯 나 역시 치열한 장사의 현장에서 일해본 경험이 있어서일까? 〈휴먼스토리〉 채널을 운영하면서 만나게 되는 사장님들이 가게에서 잠자가며 일하는 모습을 볼 때 그 마음을 더욱더 이해하고 인터뷰할 수 있었다.

부지런히 일하는 사장님들을 촬영하려면 나는 더 일찍 일어나야 한다. 예를 들어 새벽 4~5시에 기상하는 사장님을 촬영하려면 나는 새벽 2~3시에 기상하곤 했다. 내가 열심히 할 수 있었던 이유도 이미 그전에 열심히 생활한 습관이 있었기에 가능했다.

하고 싶은 일과 해야 할 일의 차이

5년간 장사를 하면서 돈도 많이 벌고 안정적인 생활을 하게 되었다. 그런데 마음 한구석이 텅 빈 것 같았다. 사실 서울에 올라갈 때 고향 친구들에게 "난 돈 필요 없다. 꿈이 전부다"라고 말했는데 다시 돈을 벌겠다고 고향에 내려오니 친구들 보기가 민망하고 창피했다. 무엇보다도 내 꿈을 포기했다는 마음에 장사를 하면서도 회의감을 많이 느꼈다.

그러던 어느 날, 개그맨 지망생 시절에 같은 꿈을 목표로 같이 먹고 자고 고생했던 개그맨들이 포기하지 않고 끝까지 남아 유튜브로 성공하는 모습을 보았다. 자기가 하고 싶은 일을 하며 돈도 벌고 즐겁게 사는 모습이 부러웠고, 나도 유튜브를 하고 싶다는 마음이 커졌다.

〈휴먼스토리〉의 시발점은 여기서 비롯됐다. 꿈을 향해 달려가며 온갖 고생을 하고, 현실과 타협해 돈만 바라보고 일하는 나였지만, 그런데도 나란 인간은 어쩔 수 없었나 보다. '하고 싶은 일을 하며 돈을 벌고 싶다.' 이것 하나만큼은 포기하고 싶지 않았다. 세상에 돈을 벌 수 있는 수단은 많지만, 나와 알맞은 적성을 찾는 건 결코 쉬운 일이 아니다.

그런데도 내가 자신 있게 할 수 있는 말은, 무슨 일이든 시작했으면 반드시 결과가 나올 때까지 멈추지 않아야 한다는 것이다. 내가 유튜브를 시작할 때도 이미 수많은 크리에이터들이 존재했고, 경쟁 상대도 많았다. 당시 난 뭘 믿고 시작한 걸까? 사실 확신만 있었을 뿐이다.

개그맨을 준비하면서 쏟은 노력과 자영업을 하면서 낸 나의 매출에 대한 실력이 내 무의식에서부터 올라왔고, 나만의 자신감이 베이스가 되어 새로운 무언가를 발견했을 때 성공할 것이라는 확신으로 직진하게 된 것이다.

물론 모든 걸 때려치우고 유튜브를 하겠다고 했을 때 부모님의 반대도 있었지만, 잠깐뿐이었고 결국 나를 믿어주셨다. 지금 생각해 봐도 당시 내 선택은 "미쳤냐"는 소리를 들을만한 선택이었다.

당시 잘 되는 가게를 다 팔아버리고 유튜브에 도전했는데 1년도 채 안 되는 기간에 〈휴먼스토리〉 채널은 엄청나게 성장했다. 남들이 보기엔 1년 만에 운이 좋게 잘 된 것으로 보일 수 있겠지만, 그렇지 않다. 나에게는 5년간의 개그맨 진행 실력과 5년간의 장사 사업 등 많은 경험이 있었고, 이것은 모두 내게 큰 도움이 되었다. 즉 뭐든 무의미한 경험은 없었다.

미친 듯이 달려온 지금, 이 선택은 말 그대로 '미친 선택'이 맞았다. 우물 안 개구리에 불과했던 나를 더 넓은 세상에 꺼내준 것이 〈휴먼스토리〉 크리에이터로서의 정체성으로 인해 시작됐으니 말이다.

그 무엇이든 시작하고자 하는 사람에게 이 글을 인용하며 마치겠다.

"창조성이란 단지 점(点)들을 연결하는 능력이다.
창조적인 사람들한테 어떻게 그걸 했냐고 물어보면,
그들은 약간 죄책감을 느낀다.
그들은 경험들을 연결해서 새로운 걸 합성해 낸다."

_스티브 잡스(Steve Jobs)

슈퍼휴먼들의 슈퍼 명언

진정으로 사업과 인생에서 성공하려면
먼저 내가 '좋은 사람'이 되어야 한다.
모든 것은 사람으로 이루어지기 때문이다.
좋은 사람이 되면 '좋은 인연'을 만나게 되고,
그로 인한 '나비효과'는 엄청나게 클 것이다.
그러므로 자신의 인생을 살아가면서
스스로 더 좋은 사람이 되기 위해서
항상 노력하고 배우며 살아가야 한다.

_김도훈(휴먼스토리)

제2부

성공하려면 실패자가 돼라

01.
허상을 현실로 만드는 결단이 필요하다

〈휴먼스토리〉를 촬영하며 만나는 사장님들의 모습을 비유로 들자면 마치 '불구덩이 속에 뛰어드는 인간'을 연상하게 된다. 사실 그만큼의 각오와 결의가 없으면 사업을 지속할 수 없을뿐더러 만약 어떤 경험이나 마케팅 능력 같은 게 없다면 한 번씩은 망하는 경험을 하는 수밖에 없는 듯하다.

이런 위험까지 감안하고 엄청난 시간을 할애하여 가게를 운영하는 사장님들을 보면 정말 불구덩이 속에서 매일 고군분투하며 크고 작은 실패와 성공을 겪는 반복된 일상이 어느 정도 '루틴화'되어 있는 것 같다.

요즘에 사회의 흐름이나 트렌드를 보면 무자본 창업에 관한 이야기와 경제적 자유에 대한 언급이 많다. 30대 말이나 늦어도 40대 초반까지는 조기 은퇴하겠다는 목표로 악착같이 살아가는 파이어(FIRE, Financial Independence Retire Early) 족도 비슷한 맥락이라 볼 수 있겠다. 나중에 편안한 노후 생활과 '나도 할 수 있다'라는 믿음에서 비롯되는 경제적 자유에 대한 잘못된 오해는 개개인에게 어떤 환상을 심게 만드는 것이다.

사업을 한다는 건 지극히 현실적인 일이다

영화 〈매트릭스〉에서 모피어스는 주인공 네오에게 빨간약과 파란약 두 개를 건네며 선택하라고 말한다. 만약 빨간 약을 선택하면 매트릭스에서 벗어나 모피어스와 동료에게 구출되고, 파란약을 선택하면 반란군과 접촉한 기억이 사라지며 매트릭스에 남게 되는 것이다.

즉 빨간약(진실)은 위험은 따르나 운명에서 벗어나 현실을 개척하는 삶을 말하고, 파란약(거짓)은 평소처럼 현실세계에 안주하는 삶이라 볼 수 있다. 그래서 빨간약은 '불편한 진실'이라는 은유의 말로도 쓰이고 있다.

사업을 하다 보면 여러 가지 유혹이 있다. 예를 들어 '좋은 상품이 있으니 마케팅만 해보라'라는 제안에 비즈니스 미팅을 했는데 상품이 들은 얘기와 전혀 다르거나, 처음에는 협업을 논했는데 정작 내가 도움받을 건 없는 경우가 발생하는 등 사업은 늘 새로운 변수의 연속이다. 그렇기에 상대방이 하는 말을 곧이곧대로 믿으면 안 된다.

사장은 늘 현장에 있어야 한다. 본인이 직접 눈으로 확인하면서 들은 얘기와 같은지, 틀린 내용은 없는지 등을 판단해야만 한다. 하기 싫어도 꾸준히 해야만 하는 일, 하나하나 꼼꼼하게 체크하고 검수해야만 하는 게 사장의 일 중 하나이기도 하다.

그저 매출이 잘 나왔다고 어느 모임에 나가 명함을 건

네며 즐기는 것만이 사장의 일이 아니다. 빨간약을 선택한 네오에게 모피어스가 "Welcome to real world(진정한 세상에 온 걸 환영해)"라고 말한 것처럼 사장은 '허상의 세계'가 아닌 일상의 전쟁터 속에서 하루하루 고군분투하며 살아갈 수밖에 없다.

간혹 유튜브 댓글에서 "저건 저래서 할 수 있는 거지. 운이 좋았네" 식으로 평가절하하는 것을 볼 때마다 아쉬움이 따른다. 물론 인간의 본성은 자신의 주장에 근거를 더하기 위해서 끝없이 논리를 펼친다. 문제는 자신의 감정과 판단에 의존한 상태에 논리를 더하니 소위 '안 되는 이유'만 찾게 되는 것이다.

성공의 원인이 자본이 충분해서, 기술이 좋아서, 상권도 좋아서 등의 조건뿐이라고 생각하는가? 이것은 사장이 직접 발로 뛰면서 얻을 수 있다. 창업 시작 전에 다른 곳에서 일하며 돈을 저축한다거나 기술을 익히기 위해 경험을 쌓아야 하는 등의 생각까지 할 수 있어야 한다. 좋은 상권을 찾기 위해 발품을 떼야 하는 것이 사장의 일이 될 수 있는 것이다.

"모든 것을 직접 하지 않으면 시작조차 할 수 없다."

'인생은 실전'이라는 말처럼 사장의 위치가 딱 그러하다. 무엇 하나 허투루 잘못했다가는 망할 수도 있는 게 사업이다. 당신이 보기에 "저 사람은 ~한 면이 대단하다" 싶은 게 어쩌면 마음을 굳게 먹은 당신이 장래에 해야 할 일이 될 수도 있는 것이다.

이는 곧 환상에 사로잡혀 허상 세계에 빠지지 않고 현실 속 '불편한 진실'을 마주하는 일과 같다. 만약 당신이 생각하는 사업이나 사장에 대해 파란약과 같은 환상이 있다면 이제 가상현실에서 빠져나오자. 이제 진실을 맞이하며 살아가지 않으면 그 어떤 성취도 성공도 맛볼 수 없다. 계속 '저건 안 될 거야' 판단만 하면 도태될 수밖에 없다.

당신이 진정 바라는 경제적 자유를 거머쥐고 싶은가? 그렇다면 과감하게 뛰어들어라. 조금은 힘들고 이전보다 인생에 고통이 따른다고 느끼겠지만, 그만큼 '나는 살아 있다'라는 느낌의 생명력 있는 삶을 산다는 증거다. 피할 수 없기에 즐기는 게 아니라 있는 그대로 받아들여야 하고, 지금 눈앞에 있는 현실이라는 것을 아는 것만으로 이미 충분하다.

02.

성공을 향한 원동력은 결핍에서 비롯된다

성공하는 인물들의 '클리셰(Cliche)'로 불리는 것 중의 하나는 불우한 환경이다. '어릴 적에 가난했었고~'로 시작하는 이야기를 들려주며 자신의 성장 과정을 말해준다. 요즘 미디어 속에서도 성공했다고 주장하는 이들은 자신의 과거는 금전적으로 어려웠고 가난했다고 말한다.

과연 그중 몇 프로가 진실이고 거짓인지는 당사자만 알 수 있을 것이다. 그렇기에 나는 〈휴먼스토리〉 채널에 출연하는 사장님들을 찾아가 인터뷰하고 현장에서 일하는 모습을 카메라에 담으면서 자신이 밟아온 길이 사실인지 그분들의 삶을 직접 옆에서 본다. 그러면서 진정성을 느낀다.

지난 3년여의 세월 동안 수많은 사람을 만나왔지만, 잘되는 과정이 명확하고 성공의 동기가 확실한 사람은 돈 버는 것은 물론 대중에게도 사랑받은 걸로 기억한다. 정말 과거의 어려운 환경에서 자수성가를 이루었다면 분명히 반면교사(反面教師) 삼은 것이 있으며, 그 교훈을 통해 얻은 지혜를 끊임없이 발휘하며 그 자리에 올라갔을 테니 말이다.

성공과 성숙의 기준을 찾아라

이번 챕터를 쓰면서 가난했지만 리어카를 판매하며 성공한 사장님이 생각났다(〈휴먼스토리〉 영상 제목 : 가난했지만 맨땅에 헤딩해 성공한 연매출 18억 27살 대표). 사장님은 주로 철물점에 나가서 물건을 판매했다. 처음 시작은 맨땅에 헤딩과 다름없었다. 월 50만 원 버는 시절도 있었지만, 27살의 나이에 연매출 18억까지 달성했다.

도매업을 하기에 현장을 따라다니며 사장님의 이야기를 들으니 자신을 아들 보듯 잘해주는 거래처 사장님도 있지만, 처음엔 쌍욕부터 하고 시작하는 사장님도 있다고 한다. 이때 필요한 건 처세인데 거래할 때, 즉 사장님들에게 설명할 때 조곤조곤하게 말하고 그들의 말을 경청한다고 한다.

인격적으로 대우받지 못하고, 또 어리다는 이유만으로 무시당할 때마다 서러움이 올라왔지만, 그래도 멈추지 않고 달려온 이유는 다름 아닌 자신의 아버지와 가족 때문이었다. 사업을 3번 실패하고, 사기까지 당했고, 가난한 어린 시절을 보냈기에 그는 아버지를 원망했다고 한다. 아버지처럼 살지 않겠다고 다짐하고, 욕심은 왜 내서 이토록 힘들게 만드냐고 한탄하기도 했다.

그런 아버지가 마흔 살에 박스 줍는 것부터 시작해 고물상을 키운 것이 크고 나서야 쉬운 일이 아님을 깨달았다고 한다. 지금은 자신도 사업을 하기에 얼마나 힘든 일인지 이해를 하게 됐다. 또한 앞으로 실망하게 해드리고 싶지 않고, 가족을 위해 애써주신 아버지에게 좋은 결과로 보답하겠다고 한다.

"가난이라는 결핍이 성공의 원동력이 될 수도 있다."

때때로 성공의 원동력은 지난 일을 반면교사 삼으며 자신을 되돌아보는 일이다. 채워지지 않는 결핍은 '밑 빠진 독에 물 붓기'와 같다. 결핍을 채울 수 있는 여유와 주변 관계, 상황 정리가 되기 시작하면 그때부터 인간의 회복탄력성은 수직으로 상승한다.

회복탄력성의 사전적 정의는 "실패나 부정적인 상황을 극복하고 원래의 안정된 심리적 상태를 되찾는 성질이나 능력"이다. 마음의 근력을 상징하는 회복탄력성은 감정, 충동성, 낙관, 원인 분석, 공감, 자기효능, 적극적인 도전성 등 요소들이 있는데, 이 모든 건 정서적 안정감이 생기지 않으면 무너지기 쉬워진다.

원망스러운 사람을 용서하거나 화해하면 관계가 회복되듯이 인간의 정서도 안정감을 되찾을 때 필요한 건 반면교사 삼아 그 과정에서 교훈을 얻어 성장하면, 성공을 향한 원동력이 되는 결핍은 더 이상 시한폭탄이 아니게 된다.

사랑하는 가족을 책임지기 위한 노력과 그저 사리사욕을 채워가며 자신의 결핍을 채우기 위한 노력은 그 근본이 다를 수밖에 없다. 자신이 성공했다는 위치에 올라갔을 때도 그렇다. 자신의 불우했다는 환경 역시 성공 수단으로 이용하며 거짓으로 속일지, 자신이 한 걸음씩 밟아온 과정을 진정성 있게 이야기하며 현재의 모습을 보여줄지는 온전히 나의 마음가짐에 달려있다.

역경 끝에 성취는 기다리고 있으며, 아무런 어려움 없는 과정은 있을 수 없고, 실패 없이는 성공도 없다. 당신은 눈앞에 어떤 시련을 맞이했는가. 넘어서야 할 장애물은 무엇인가. 그것들을 넘어서는 순간 보이지 않던 세상이 하나씩 보이기 시작한다.

리어카를 판매하던 청년이 사장이 되어 아버지의 심정을 이해한 것처럼, 또 하루하루 치열하게 살아가며 매출을 올리다 보니 가장으로 짊어졌던 아버지의 무게감을 헤아린 것처럼, 무엇보다 사기당할 정도로 자기 가족을 책임지려는 마음이, 그 간절함이 강했기 때문이라는 것을.

성공은 하나의 목적이자 대상으로 삼은 목적지에 대한 말이다. 그 성공의 대상이 무엇인지, 무엇 때문에 그 목적지를 향하는지 올바르게 구분하는 안목을 기르려면 인간으로서의 성장이 필수 요인이라 말할 수 있다.

류시화 시인의 《새는 날아가면서 뒤돌아보지 않는다》의 한 대목을 인용하며 글을 마친다.

"죽는 날까지 자신이 가야 할 길을 선택하는 것이 삶이다. 따라서 자신이 걸어가는 길에 확신을 가져야 한다. 그 길에 기쁨과 설렘이 있어야 한다. 그리고 세상 사람들과 자신의 다름을 담담히 받아들일 수 있어야 한다. '길'의 어원이 '길들이다'임을 기억하고, 스스로 길을 들여 자신의 길을 만들어가야만 한다. 익숙한 것과 결별하고 내가 옳다고 느끼는 길을 정답으로 만들어가는 것이 나의 인생이다."

03.
소중한 존재의 행복이 성공의 원동력이 된다

사람은 삶의 원동력이 있을 때 정말 강해진다. 그중 가장 강한 원동력은 책임감이라고 생각한다. 인간의 뇌는 자신의 생존을 본능적으로 사고하기 때문에 이기적일 수밖에 없다. 그런데 그 프레임을 처음으로 깨는 순간은 자기 자녀를 낳았을 때이다. 새로운 생명이 탄생했을 때, 경이로운 감정을 느끼면서 부모로서의 정체성이 탄생하는 것이다.

자수성가한 백만장자이자 세계적인 베스트셀러 《부의 추월차선》을 쓴 엠제이 드마코(MJ DeMarco)의 일화를 소개한다. 드마코의 어머니는 원래 심한 흡연자였는데, 금연을 시도했어도 매번 실패했다. 그러나 드마코를 잉태한 그녀는 자신에게 어머니라는 정체성이 생긴 후 바로 금연에 성공했다고 한다. 한 여자로서 자신을 바라본 게 아닌 '한 아이의 어머니'라는 인식을 스스로 하니 바뀌게 된 것이다.

이 일화를 생각하며 떠오른 사람은 2명의 아이를 키우면서도 장사를 하며 높은 매출을 내는 젊은 부부였다(〈휴먼스토리〉 영상 제목 : 한 달 매출 3200만 원 아기 2명 키우는 20대 부부가 직장 관두고 장사하는 이유). 20대 부부로 24살, 23살의 꽃다운 나이에 아이를 출산한 두 사람은 아이를 책임지기 위해 결혼했다. 서로 아무것도 몰랐을 때의 젊은 패기였다고 말하지만, 사랑에서 비롯된 정체성의 변화라고 생각한다.

나의 소중한 존재가 초인적인 힘을 발휘하게 한다.

사실 '슈퍼휴먼'은 이미 우리 일상

에 있으며, 당신의 주변 곳곳에 있다. 우리가 아기였을 때부터 업어 키운 부모님, 매일 출근길을 책임지는 버스 기사님 등처럼 각자의 삶에서 자신이 책임져야 할 무언가가 있기에 평범한 인간이라 할지라도 무엇이든 해내는 힘이 생기는 게 아닌가 싶다. 물론 그 과정은 쉽지 않다.

자신의 청춘을 바쳐서 일과 자녀, 생계를 위해 열심히 사는 부부 사장님 역시 일과 육아 두 가지를 병행하는 삶을 선택한 것은 단순히 욕심이 많아서가 아니다. 지켜야 할 가정이 있다는 강인한 정체성의 변화를 겪었기에 가능한 것이다.

지금 시대는 평범하게 사는 것조차 어렵다고 한결같이 말한다. 그도 그럴 것이 '평균'의 기준치가 높아졌으며, 갈수록 경제의 양극화는 심해진다. 대개 사업을 시작한다고 하면 어떤 비전이나 사회적 이념을 가질 법 싶지만, 부부 사장님의 목표는 아주 명확했다. 바로 '돈을 버는 것'이다. 왜냐하면, 돈을 벌고 여유로워져야 아이들이 컸을 때 함께 보낼 수 있는 시간을 확보할 수 있고, 그 시간에 행복한 추억을 만들 수 있기 때문이다.

"소중한 존재의 가치를 잊지 않고,

지켜야 할 것을 되돌아볼 때 성공할 수 있다."

남편 사장님은 직접 배달을 갈 때마다 불안하다고 한다. 자신이 아무리 운전을 조심해도 다른 외부요인으로 사고가 날 수도 있기 때문이다. 특히 비가 오는 날이면 더욱 그렇다. 물론 장사는 잘 되어도 힘들고, 잘 안되면 그것대로 불안하고 두렵다. 그런데도 사장님이 그 모든 어려움을 인내하며 노력할 수 있는 건 자신의 청춘마저 다 바칠 만큼 사랑하는 가족이 있어서가 아닐까.

사장님은 장사를 하기 전에 중장비 일을 했는데, 빚 없이 사업을 시작하고자 끊임없이 일하며 목돈을 마련했고, 자신의 사업에 모두 투자했다고 한다. 미래를 위해서 지금 당장 일을 선택하고 마음을 쏟을 수 있는 집중력, 조급하게 사업을 시작하지 않는 조심성, 그리고 돈을 모으는 인내가 지금의 사장님을 있게 한 것이다.

사랑이 인내를 쌓고, 인내가 돈을 쌓고, 다시 돈이 시간을 쌓아간다. 20대 창창한 젊은 부부의 사랑과 책임, 인내와 노력은 슈퍼휴먼으로서 하루하루 힘들게 살더라도 좋은 날이 오지 않을까 하는 굳건한 믿음이 있다.

우리는 자신의 곁에 있는 소중한 존재를 익숙하다는 이유로 종종 잊고 지낼 때가 있다. 그 소중한 존재의 가치를 잊지 말고, 지켜야 할 것들에 대해 한 번씩 되돌아보는 것만으로 내가 놓쳤던 초인적인 힘이 발현될 것이다.

04.

성공한 삶을 위한 긍정의 힘을 키워라

미국의 심리학자로 긍정심리학을 창시한 마틴 셀리그먼(Martin Seligman)은 "긍정적 삶을 만들기 위해서는 외부의 도움보다는 자신의 의지가 중요하다"라고 강조했다. 그러면서 행복의 3대 조건으로 '즐거움, 몰입, 삶의 의미'를 꼽았으며, 행복해지는 십계명을 제시한다.

생각을 바꿔 행복해지는 십계명

① 자신의 편견을 파악하라.

② 모든 잘못을 '내 탓이오'라고 단정하지 말라.

③ 최악의 순간보다 최상의 순간을 상상하라.

④ 쉬운 해결책을 찾아라.

⑤ 성공했을 때의 모습을 상상하라.

⑥ 낙천주의자라면 어떻게 했을까 생각하라.

⑦ 좋았던 일의 목록을 만들어라.

⑧ 주위 사람들과 기쁨을 나눠라.

⑨ 즐길 수 있는 목표를 찾아라.

⑩ 자신이 할 수 있는 한계를 정하라.

나는 앞서 말한 '행복의 3대 조건'과 '생각을 바꿔 행복해지는 십계명'을 연결하여 내 삶에 적용한 것을 소개하고자 한다.

삶을 성공으로 이끄는 긍정의 힘 3가지

내가 만난 슈퍼휴먼들은 그 누구보다 자기 긍정성이 강하고 낙관적이다. 그래서 쉽게 무너지지 않는다. 여기서 단순히 '긍정적으로 생각하라'라는 말은 크게 설득력이 없으므로 예시를 들어가며 설명하겠다.

첫째, 주위 사람들과 기쁨을 나눠라.

내가 하는 일이 소중한 사람, 또는 고객과 나눌 수 있는 기쁨인지를 생각하면 된다. 예로 '고객에게 맛있는 음식을 해줄 수 있어서 내게 기쁨이 되는지, 내가 만든 상품 때문에 고객이 편안함을 누리는 것이 내게 보람을 주는지' 등처럼, 나의 행복을 위해 '기쁨'을 나눌 수 있는지 없는지를 기준으로 삼아라. 그러면 내가 정말 사랑하는 일을 하고 있는지 그 여부를 쉽게 판단할 수 있다.

내가 〈휴먼스토리〉 채널을 운영하면서 가장 즐거운 건

매번 새로운 사람을 만날 수 있다는 점이다. 어릴 적부터 사람 만나는 걸 좋아했고, 함께 웃고 즐기는 걸 좋아했기에 이 일은 나에게 있어 천직이다. 매주 돌아다니는 지역이 바뀌고, 살인적인 스케줄을 소화할 수 있는 이유도 내가 사람들과 기쁨을 나누며 즐겁게 일할 수 있어서 가능한 일이다. 덕분에 이전의 삶보다 나는 행복하다고 당당히 말할 수 있다.

둘째, 성공했을 때의 모습을 상상하라.

나는 유튜브가 잘 되기 이전부터 '조회 수가 잘 나오면 좋겠다'라고 혼자 생각하고 웃으며 지냈었다. 누가 보기에는 제정신이 아닌 사람처럼 보이겠지만, 오히려 역설적으로 나는 이런 상상을 매번 했기에 크리에이터로서 기획하고, 촬영하고, 질문하면서 또 하이라이트 부분을 추리며 대중에게 좋은 메시지를 전달할 수 있도록 돕는 몰입감을 선물받았다고 생각한다.

모든 사람은 스스로 아무 관심 없는 일에 몰입할 수 없다. 자리에 앉아서 일만 한다고 몰입하는 게 아니다. 어쩌면 그건 그저 허송세월 보내는 것에 불과하다. 나는 무슨 일이든 시작하기 전에 성공했을 때 나의 모습을 상상했다. 그 원동력을 기반으로 몰입했기에 정점은 아니라 할지라도 어중간한 결과를 낸 적은 없다. 오히려 남들에게 얘기하기에 부끄러움 없이 당당하게 말할 수 있는 결과물을 만들어왔다.

셋째, 쉬운 해결책을 찾아라.

사실 해결책은 의외로 쉽게 발견할 수 있다. 자기 삶의 의미를 찾으면 되는 것이다. 나는 〈휴먼스토리〉 채널을 통해 구독자들에게는 동기부여를 주었고, 출연하는 사장님들은 홍보가 되었으며, 나 자신은 자아실현과 수익 문제에 대한 고민을 해결할 수 있었다. 이 3박자를 해결하는 건 '콘텐츠'라 생각했고, 나의 꿈이자 궁극적인 목표는 진행자가 되는 것이었다.

여러 소셜미디어가 존재했지만, 그중에서 나의 콘텐츠를 잘 녹여낼 수 있는 곳은 유튜브라 판단했고, 이 판단은 곧 여러 문제를 해결할 수 있는 지름길이 됐다. 〈휴먼스토리〉 채널에 출연한 사장님은 온라인 홍보에 대한 중요성을 더욱 알게 되거나 자신의 스토리를 대중에게 진정성 있게 전달하는 법을 배워갔다. 또 나는 수익 문제를 떠나 여러 사장님을 만나면서 그들의 성공 마인드셋(Mindset)을 배울 수 있었다.

그리고 구독자들은 세상의 다양한 직업, 열심히 사는 사람, 그 방법론과 현장의 고충에 대해서 간접적으로 알아갈 수 있었다. 지금 생각해 봐도 내가 미디어 콘텐츠를 택하고, 플랫폼을 유튜브로 결정한 건 정말 잘한 선택이라고 생각한다.

자신의 가치를 깨닫는 행복을 찾아라

나는 '유튜브 찬양'을 하려고 내 이야기를 하는 게 아니다. 만약 주위 사람들과 기쁨을 나눌 수 있고, 성공했을 때 모습을 상상할 때마다 즐겁고, 충분한 조사와 자아 성찰을 통해 쉬운 문제 해결을 찾을 수 있다면, 유튜브가 아니라 하더라도 자신에게 맞는 플랫폼과 직군이 있다.

누군가는 내가 운이 좋았다고 할 수 있겠지만, 내가 쏟은 시간과 노력을 생각하면 단순히 운이 좋았다고 말하기는 어려울 것이다. 내 노력이 행운으로 돌아오도록 미친 듯이 살아왔고, 그 과정이 나는 행복하기에 지금까지 멈추지 않고 달려올 수 있었다.

그래서 나의 입에서는 늘 '감사하다'라는 말이 떠나지 않는다. 주변에 좋은 사람이 너무 많아졌고, 고민이 생기면 자문할 수 있는 대표님과 사장님이 있으며, 또 함께 기쁨을 나눌 수 있는 사랑하는 사람들이 있어서 나는 행복해질 수 있었다.

과연 슈퍼휴먼의 삶은 무엇일까? 그저 열심히 돈을 많이 버는 게 전부는 아니다. 열심히 돈을 벌면서도 당당하게 '행복하다'라고 말할 수 있는 게 바로 슈퍼휴먼의 삶이다.

"우연한 사건이나 일확천금이 아닌
노력을 통한 성취감과 대인관계가
행복한 삶에 더욱 중요하다."

어느 연구 결과에 따르면 연봉 1억이 넘어갔을 때 느끼는 행복감은 비슷비슷하다고 한다. 그렇다면 당신은 가치를 찾아갈 것인가, 또는 외부의 기적 같은 도움을 기다리며 좋은 날이 오길 바랄 것인가, 아니면 직접 발로 뛰며 당신의 낙원을 찾아갈 것인가.

마틴 셀리그먼은 "행복은 누가 가르쳐주거나 훈련받는 게 아니라 스스로의 발견과 창조를 통한 '자기화의 과정'이다"라고 말했다. 당신도 자신의 참모습을 발견하면서 끊임없이 새로운 가치를 창조하길 바란다. 전 세계 80억 명의 인구가 생김새와 개성이 다르듯, 당신의 내면 안에 있는 잠재력 역시 당신만의 모습을 띠고 있을 테니까.

슈퍼휴먼들의 슈퍼 명언

목표를 너무 강하게 세우지 말아라.

작은 목표들을 이루며 성취감을 느낄 때

자칫 그 성취감에 사로잡혀 동력이 떨어질 수 있다.

그러니 목표를 생각하지 말고

매일 아침 일어나면 저녁까지 일하는 것,

그저 내가 할 일을 성실하게 해내는 것,

목표에 갇히지 말고 꾸준하게 할 일을 해라.

그래야 원하는 목표를 이룰 수 있다.

_황복현(영림 회장)

05.
진정성 있는 사업으로 성과를 이뤄내라

독일의 대문호 괴테(Johann Wolfgang von Goethe)는 "눈물 젖은 빵을 먹어보지 않은 사람은 인생의 참다운 의미를 모른다"라고 말했다. 괴테의 말에서 떠오른 사람은 앞장에서도 소개한 100% 수작업으로 빵을 만드는 여사장님이다(〈휴먼스토리〉 영상 제목 : 이 작은 가게에서 한 달 매출 1억 5천만 원, 30대 여사장님이 성공한 사소한 이유들). 사실 그녀가 수제 빵을 만들게 된 계기는 남다르다.

희귀암에 걸린 그녀의 어머니는 몸이 힘드신 탓에 음식도 잘 못 드셨고, 그렇게 좋아하시던 빵도 완전히 끊게 되었다. 그러다가 힘든 항암 치료를 끝낸 후 다시 정상적인 생활을 하게 된 어머니를 보면서 '어머니가 건강하게 먹을 수 있는 수제 빵을 만들면 맛있게 드시지 않을까'를 생각하고 연구하기 시작했다.

암 환자 어머니를 위해 유기농 수제 빵을 만들다

사업이라는 걸 따로 배운 적도 없어 계속 새롭게 부딪히는 일이 많았음에도 넘어설 수 있었던 이유는 바로 어머니였다. 자신이 만든 빵을 드시며 "네 빵이 제일 맛있어"라는 어머니의 한마디 말에 모든 어려움을 이겨낼 수 있었다.

사업은 철저히 분석하고 점검해야 한다. 비즈니스적인 관점에서 '유기농 수제 빵'은 분명 진입장벽이 높다. 투병 중인 사람도 먹을 수 있는 건강한 음식은 수요가 적기 때문이다. 자신이 만든 빵을 사랑하는 사람에게 자신 있게 먹으라고 말할 수 있는지 묻는다면, 과연 얼마나 당당하게 'Yes'라고 말할 수 있을까. 절대로 쉬운 일이 아니다.

그러나 우리가 더 바라봐야 할 건, 내가 진짜 좋아해서 하는 일임과 동시에 내가 만든 결과물을 사랑하는 사람 앞에도 당당하게 내놓을 수 있는가일 것이다. 나는 후자의 경우를 '진정성 있는 사업'이라고 생각한다.

대부분 사람은 빵을 좋아할 수 있다. 그래서 빵집도 시작할 수는 있다. 하지만 압도적인 결과와 이에 따른 대가를 치르는 고통과 노력의 시간은, 또 다른 이타적인 마음과 사회에 기여하겠다는 다짐 없이는 견디기 힘든 세월이다.

새벽에 나와서 빵을 만들고, 직원에게 모든 걸 시키는 게 아니라 자신이 먼저 발로 뛰어다니며 재료를 가져오고, 건강한 유기농 빵을 만들기 위해 어떤 연구가 필요한지 생각하는 마음은 고객을 어머니 대하듯이 하는 진정성 있는 마음에서 비롯된 게 아닐까.

장사에 대한 욕심으로 누가 시켜서, 누군가를 따라 하는 게 아닌 자신만의 이유와 명분으로 시작하는 사업은 쉽지 않다. 분명 성취감과 일을 대하는 자세 자체가 다를 수밖에 없다. 애초 출발점이 다르기에 그 과정이 '눈물 젖은 빵' 먹듯 고통스러워도, 그 종착지에 인생의 참다운 의미를 알게 해준다면 도전하지 않을 이유가 있겠는가.

"진정성이란 다른 사람을 얼마나 소중히 여기느냐에 달려있다."

즉 나와 다른 존재인 사람을 얼마나 소중히 여겼느냐에 따라 진정성을 진짜와 가짜로 나뉠 수 있다는 것을 사장님을 통해 깊이 배울 수 있었다. 물론 100% 수제 빵이라는 것은 큰 장점이지만, 그만큼 엄청난 노동력이 필요하다.

사장님의 초인적인 힘의 원동력은 진정성이 아닐까 싶다. 사랑하는 어머니를 위해서, 그리고 빵이 정말 좋아서 시작한 유기농 수제 빵이라는 점에서 무언가를 진심으로 좋아하고 진정성 있게 일하면 고객과 세상이 알아보고 반드시 성공한다.

06.

위기를 기회로 만드는 방법을 찾아라

사업을 성공한 슈퍼휴먼의 핵심적인 자질 중 하나는 강인한 정신력이다. 정신력(精神力)의 사전적 정의는 '정신을 지탱하는 힘이나 정신적 활동의 힘'으로, 역경에 처했을 때 집중해서 회복력을 유지하는 능력을 말한다. 흔히 스포츠 분야에서 강조하지만, 비즈니스나 교육, 인간관계 등 삶의 많은 영역에서 매우 중요하다.

특히 비즈니스에서 정신력은 사업에 따른 스트레스와 도전을 처리하는 데 필수적이다. 예를 들어 사업 실패와 같은 큰 좌절을 경험한 사업가는 강한 정신력을 발휘하여 새로운 기회를 찾아 사업을 발전시키는 데 집중해야 한다. 성공하는 사업가는 온갖 좌절과 실패에도 불구하고 집중하여 동기를 부여하는 힘이 있다.

원양어선 타고 매장 15개 만든 30대 순대국밥집 사장님

'정신력' 하면 생각나는 분이 있다. 바로 1년간 원양어선을 타며 돈을 모아 순대국밥집 사업을 시작한 사장님이다(《휴먼스토리》 영상 제목 : 원양어선 1년 타고 가게 15개까지 만든 30대 순대국밥집 사장님). 사장님은 8년간 15개의 가맹점을 낸 30대의 젊은 사장님이다. 물론 사장님의 시작이 처음부터 순탄한 것은 아니었다.

처음 순대국밥집을 차리고 차츰 안정화되던 시기, 가게 맞은편에 대기업 순대국밥집 매장이 생기는 게 아닌가? 게다가 사장님 가게의 순대국밥은 9천 원이었는데, 대기업 매장의 순대국밥은 5천5백 원이었으니 가격 경쟁부터 어려웠다. 그러나 사장님은 바로 앞에 대기업이 들어왔다고 해서 망했다며 좌절하지 않았다. 오히려 기회라고 생각했고, 대기업 매장을 이길 수 있다고 확신했다. '생각의 전환'을 한 것이다.

"위기 속에서 망연자실하지 말고
스스로 성장할 기회로 삼아라.
위기를 기회로 만드는 방법을 찾아야 한다."

이처럼 위기는 곧 기회라는 발상의 전환과 이를 뒷받침한 사장님의 강한 정신력은 15개의 매장까지 늘리는 원동력이 되었다. 사실 사장님의 정신력은 그가 순대국밥 사업을 하기 전, 해양경찰 전경 특채를 준비하던 때부터 확인할 수 있다. 재수, 삼수 중에 취득한 해기사(海技士) 면허증은 사장님이 장차 사업 밑천을 마련할 수 있는 원양어선으로 이끌었다.

더 나아가 원양어선에서 고생한 경험은 대기업과의 경쟁에서 이겨낼 수 있는 기반이 되어준 것이다. 사업이라는 건, 정말 내 뜻대로 되지 않고 어려운 방향으로 흘러갈 때가 많다. 이럴 때는 무아(無我) 상태가 강제적으로 되는 상황에 놓이곤 한다. 대기업 매장이 근처에 생기면 두려움과 패닉 상태로 빠질 수 있으니 말이다.

그런데도 사장님이 대기업과의 가격 경쟁 대결에서 생존한 방법은 무엇이었을까? 원래 9천 원이었던 순대국밥 가격을 1만 원으로 올린 사장님의 결단이었다. 주변 사람들의 반응은 부정적이었다. "누가 순댓국을 1만 원에 먹느냐?", "서민 음식을 그렇게 장사하면 되느냐?" 등 모두가 말렸다고 한다. 하지만 사장님은 과감히 승부수를 던졌고, 그 결과는 대성공이었다.

그 비결은 음식 맛은 기본이었고, 사장님만의 차별화된 전략이 있었다. 고객으로선 배달시킨다는 것 자체가 편리하게 식사하기 위함인데 음식이 남을 경우, 대부분 '이걸 어떻게 처리하지?'라고 생각한다. 이것에서 착안해 사장님은 음식물 쓰레기봉투와 세스코와 컬래버로 제작한 물티슈 등 고객들에게 필요한 물품들을 배달 봉투에 넣어드렸다. 이것이 적중한 것이다.

준비된 사람만이 시행착오를 줄인다

그런데 만약 대기업과의 경쟁에서 사장님이 가격을 낮췄다면 어떻게 되었을까? 가격을 낮춘다는 건 경쟁 상대보다 자신의 상품에 자신감이 없다는 증거다. 사람들은 잠깐 눈길을 돌려 사장님 가게를 찾을 수는 있으나 낮춘 가격만큼 기존보다 많이 팔아야 한다. 그리고 시간과 인적 자원의 소비가 늘어나는 만큼 소비자를 위한 추가적인 서비스에 돈도 에너지도 쏟을 수 없다.

그러니 1천 원이든, 2천 원이든 가격을 올리면 올린 만큼의 혜택을 고객에게 돌려주는 것으로 재방문을 유도하는 것이 손님을 잃지 않는 사장님의 핵심 전략이었다. 상품 파는 것을 고민하다 보면 '맛을 개선한다', '메뉴를 개발한다', '마케팅 전략을 짠다' 등 여러 가지 궁리를 하게 된다. 처한 상황에 따라 필요한 것도 있고, 필요 없는 것도 있다. 여기서 중요한 건 내가 파는 상품을 접하는 고객의 마음을 읽는 것이다.

사업을 하기 전, 즉 상품을 소비하는 고객일 때는 가격 비교나 상품 서비스 등이 면밀하게 보인다. 그런데 사업을 하면 자신이 고객의 입장이었던 시절을 종종 잊어버린다. 역지사지(易地思之)라는 말처럼 장사나 사업을 하는 사람들은 고객의 마음을 절대로 잊지 말아야 한다.

사장님은 자신이 없어도 잘 돌아가는 업장을 만들기 위해서는 주방 일, 홀 일, 배달까지 100%가 아닌 150% 알고 있어야 한다고 말한다. 그래서 처음 창업하는 사람이라면 설령 요식업 경험이 있다고 해도 바로 차리지 말고 먼저 자신이 원하는 업장에 취업해서 경험을 쌓으며 시스템을 배우는 것이 중요하다고 강조한다.

"사업은 연습이 없어요. 실전에서 실패하면 복구하기가 너무 어려워요. 그런데 내가 직원으로 일하는 매장에서는 (일부러 틀리는 건 아니지만) 틀려도 돼요. 책임자가 있고, 사장님이 있으니 충분히 시행착오를 해도 됩니다. 사장님들은 다 알아요. '왜 실수했는지', '일부러 틀렸는지' 말이죠. 창업 전에 먼저 경험하세요."

이렇게 배운 남의 시스템을 자신만의 가게에, 자신만의 시스템으로 녹여낼 준비를 하는 것이 필요하다. 직접 몸으로 부딪치며 경험을 쌓고, 나의 사업에 적용하는 법을 배우며 응용력을 기르는 것이다. 다른 업장에서 경험을 쌓으면서 자신의 가게에서 최대한 시행착오를 줄이는 것이 사업을 안정적으로 운영할 수 있는 지름길이 된다.

여기서 중요한 건 남의 시스템을 그대로 가져와서 이용하는 건 아무런 의미가 없다. 다른 사업의 시스템을 보고 나만의 체계, 구조, 프로세스를 만드는 것이 핵심이다.

마지막으로 사장님이 강조한 건 '성품 훈련'이다. 사람이 모여 집단이 되면, 그 집단을 통솔하는 역할을 하는 게 리더다. 리더는 자기희생을 꺼리지 않으며, 직원의 사기를 떨어뜨리지 않기 위해 먼저 자신부터 중심을 잡아 올곧게 서 있는 게 중요하다. 성품 훈련을 시키는 이유는 사업은 인간관계를 기반으로 한다. 만약 실수했다면 먼저 받아들여서 개선하고, 건강한 정신력을 만들기 위해 자기 그릇을 넓혀서 끊임없이 채우는 게 필요하다.

대기업과의 경쟁에서 흔들리지 않고, 냉정하게 가게를 찾는 고객의 니즈를 파악하여 배달 봉투에 음식물 쓰레기

봉투를 함께 전한 사장님의 자세는 결국 자기 자신을 성공으로 이끌었다. 힘든 상황에서도 배울 점을 찾고, 상대를 이해하려는 자세를 만들어 낸 정신력이 곧 성공을 향하는 훌륭한 성품이 된다는 것을 몸소 증명한 것이다.

07.
실패와 성공에서 배운 것을 인생에 적용하라

영화 〈한산〉의 한 장면이다. 거북선을 두려워하는 부하들에게 적장 와키자카 야스하루는 단호하게 말한다. "두려움은 전염된다"라고. 그리곤 가차 없이 부하들을 처단한다. 영화 속 두려움은 지금 시대에도 통용된다. 개인에서 집단으로, 집단에서 개인으로. 자신도 모르게 마음속에 생긴 두려움은 부정적인 방향으로 흘러 상상력을 극대화한다. 결국 내가 할 수 있는 일도 못 하게 만든다.

그렇다면 과연 두려움의 감정은 마냥 부정적이기만 할까? 그렇지 않다. 프랑스의 심리 치료 전문가 크리스텔 프티콜랭(Christel Petitcollin)은 “두려움의 감정은 마치 엑셀과 같은 역할을 담당하고 있다”라고 말했다. 그 이유는 두려움의 감정은 위험에 대비하는 인간의 본성을 자극하는 감정이기 때문이다. 그러면 두려움이 좋다는 건지 나쁘다는 건지 가늠하기 어려울 것이다.

정답은 간단하다. 매번 새로운 일을 시작하며 도전할 때 두려움의 감정을 아예 없는 것처럼 할 수 없다는 것이다. 그저 나의 본성이 리스크를 피하려고 하거나 불확실한 미래를 대비할 수 있도록 돕는 감정이라는 것만 이해하면 된다. 이 사실을 받아들이면 나의 부정적인 감정이 자신을 지배할 일도 없고, 두려움을 주변에 전파할 일도 생기지 않는다.

매일 새벽 1시 출근,
트럭 타고 장사하는 여사장님

‘두려움’을 두려워하지 말라. 그 두

려움보다 우린 거대한 존재다. 두려움에 관한 이야기를 하니 자판기 사업가이자 트럭커, 그리고 유튜브 크리에이터로 활동하는 여사장님이 떠올랐다(〈휴먼스토리〉 영상 제목 : 회사 관두고 트럭 타고 장사하는 25살 여사장님). 매일 새벽 1시에 출근해 직접 트럭을 몰며 장사하는 젊은 사장님이었는데, 도전에 대한 두려움이 아예 없는 것처럼 느껴질 만큼 명랑한 성격이었다.

사장님은 "젊으면 젊을수록 뭔가를 시도하거나 도전할 때 큰 두려움을 가지지 않았으면 한다"라고 말했다. 도전을 잘하는 사람이라 한들 두려움이 없을까? 두려움을 극복하고 도전하는 건 습관이다. 두려움에 지배당해서 시도조차 하지 않는 것 역시 습관이다.

"우리가 습관을 만들면
그 습관이 우리를 재창조한다."

어려운 일도 "막상 해보니 별것 아닌 것 같다"라고 말하는 그녀는, 또래 친구들과 달리 이른 나이부터 자판기 운영과 트럭을 몰면서 부지런히 자기 사업을 키워나가고 있었다. 아무 인맥도, 자리도 없이 홀로 뛰며 어려운 일도 많았지만, 시작의 두려움을 이겨내며 나아간 것이 자기 내면의 힘을 키워나갈 수 있었던 발판이었다고.

사장님은 지금까지 살면서 도전한 일 중 가장 가치 있는 일이 자판기 사업이라고 한다. '요술 자판기'라는 이색 랜덤 자판기 15대를 운영하는데, 매출이 높을수록 채워야 할 음료수도 많아지기에 매일 새벽 1시에 트럭을 몰아 아침 해가 뜨고서야 퇴근하는 일이 많았다. 사업 초기에는 작은 경차로 음료수를 옮겼지만, 자판기 대수가 늘어나며 트럭을 몰게 된 것이다.

인간은 누구나 꿈이 있는 한 세상에 도전한다. 자신이 품고 있는 꿈을 믿고 인내하는 것이 바로 용기이다. 그런데 도전에도 계획과 준비가 필요하며, 그냥 마음먹고 시작한다고 다 되는 것은 아니다. '시작은 반'이라고 하지만 이제 겨우 출발점에서 첫걸음을 뗀 것에 불과한 것이다.

사장님은 극성수기인 여름 기준으로 자판기 15대의 매출이 2천 5백만 원 이상 나왔고, 마진은 40% 정도 본다고 한다. 마진율이 좋은 음료수를 넣는 것도 중요하지만, 그보다 더 중요한 것은 유동 인구가 많은 곳에 자판기를 배

치하는 것이다. 소위 '핫하다'는 유명 상권을 아침부터 밤까지 온종일 발로 뛰며 다른 가게 사장님들에게 영업한 것이 그녀만의 성실한 사업 전략이다.

첫걸음을 뗐으면 성실하게 달려나가야 한다. 그녀는 자판기 사업은 '한철 장사'라 말한다. 성수기에 바짝 벌어놓은 돈으로 비수기의 손실을 충당해야 하는 일이 생겨서다. 그래서 더더욱 자판기 놓을 자리를 신중히 선택하고 가게 사장님들을 잘 설득하는 게 중요하다. 자리만 잘 잡으면 월 순수익 4백만 원이니 350만 원(중고가)인 자판기 한 대가 한 달 만에 손익분기점을 넘길 수 있기 때문이다.

대개 자판기 자리는 인맥의 영향을 많이 받는다. 하지만 자판기 사업 관련 인맥이라곤 전혀 없었던 사장님이었기에 직접 낮밤으로 유명 상권을 발로 뛸 수밖에 없었다. 가게 사장님들을 상대하며 문전박대(門前薄待)를 당하는 상황도 많고, 혹시 말실수하는 건 아닐까 떨리는 와중에도 그녀는 묵묵히 영업하며 새로운 전략을 짜고 있다. 생떼 쓴다고 되는 일이 아님을 누구보다 잘 아는 것이다.

실패를 두려워하지 말고 새롭게 도전하고 노력하라

사실 어떤 업계, 어떤 사람이든 일할 때 100% 만족할 순 없다. 누구에게나 고충은 있으며, 매일 끊이지 않는 사건 사고를 해결해야만 한다. 어쩌면 '두려움'이란 도전을 앞둔 우리가 본능적으로 스트레스 받지 않으려고 느끼는 감정이 아닐까 싶다. 그러나 윌리엄 엘러리 채닝(William Ellery Channing)은 "난관은 낙담이 아닌 분발을 위한 것이다. 인간의 정신은 투쟁을 통해 강해진다"라고 말했다. 이렇듯 우리는 두려움을 피해 도망가지 말고 용기 내어 계속해서 도전해야 한다.

우리는 주변 사람들이나 우러러보는 롤 모델을 볼 때 아무렇지 않게 도전하는 것으로 여길 수 있다. 절대로 그렇지 않다. 그들 역시 자신과의 투쟁에서 더욱 강해진 것이다. 마치 조각가가 정성을 들여 아름다운 형태를 조각하듯, 자신의 목표 성취를 위해 신중하게 전략적으로 움직이는 것이다.

인간의 인생 가치가 실패와 성공 속에서 탄생하는 것

이라면 슈퍼휴먼은 그 가치를, 즉 실패와 성공 속에서 배우고 얻은 것들을 자신의 인생에 적용할 줄 안다. 여기서 '적용한다'라는 건 응용(이용)을 뜻한다. 앞서 언급한 사장님의 자판기 사업을 예로 든다면, 자리 선점과 그 과정에서 겪은 고충을 통해 배운 '교훈', 자판기 사업은 한철 장사라는 해당 사업의 '본질', 이에 따른 문제를 대비하는 '자세'와 미래를 대비하는 '통찰'이 자신의 인생에 적용한 사례다.

"우리의 미래는 지금 우리가 하는 작은 선택들의 총합이다."

우리는 누구나 크고 작은 실패와 성공을 한다. 하지만 내가 이 책에서 강조하는 슈퍼휴먼의 자질은, 그 '역경값'과 성취를 통해 얻은 '경험값'으로 결과를 만들기 위해 얼마나 더 노력하고 움직이느냐에 달려있다는 것이다.

나는 〈휴먼스토리〉 채널을 운영하며 매번 사장님들의 일정에 맞춰 이동하는 걸 넘어 아예 그림자처럼 붙어 다니며 그분들의 일상을 낱낱이 화면 속에 담는다. 이렇게 최고의 콘텐츠를 만들기 위한 노력이 없었다면(보이지는 않아도), 지금처럼 내 영상들이 많은 사람들에게 사랑받는 일은 없었을 것으로 생각한다.

자, 어떤가. 여러분은 자신의 실패와 성공을 통해 어떤 미래를 도모하고 있는가. 그려놓은 청사진을 향해 나아가기 위해 어떤 방법을 강구하고 있는가. 스스로 설정한 목표를 이뤄내기 위해서 매번 자신에게 되물으며 '자신만의 해답'을 내놓는 슈퍼휴먼이 되길 바란다.

08.

인내의 시기를 견디며 성공을 향해 나아가라

'슈퍼휴먼'으로 성장하는 과정은 농부가 씨앗을 뿌리고 자라는 과정과 같다. 알다시피 농사일은 아무리 계획을 세워도 매 과정 어려움과 시행착오가 따른다. 심지어 전혀 예상하지 못한 태풍이나 홍수처럼 천재지변(天災地變)이 일어나 일 년 농사를 망치기도 한다. 그러나 농부는 무엇도 탓하지 않고 어떻게 해서든 앞으로 나아갈 뿐이다.

농부는 상품마다 수확량은 다르지만 일 년 365일 중의

300일을 일한다. 인력이든, 씨앗이든, 거름이든, 뭐든 다 투자를 한다. 그러면 바로 돈이 들어오는가? 안 들어온다. 수확할 때 수익이 발생하는데 수확은 나머지 5일에 다 한다. 즉 1년 치의 농사에 대해 5일 동안의 수익이 결국 1년을 보상하는 것이다.

우리가 삶에서 도전하는 것들도 결과가 나오기 전까지 투자하는 시간이 필요하다. 폭풍우가 쏟아지는 듯한 인생의 역경이 있기 마련인데 그것들은 시간이 지나면 훌륭한 밑거름이 되어주고, 또 다른 형태의 기회로 찾아온다.

농부의 마음으로 꾸준히 시간을 쏟으며 일하라

농부의 이야기를 하니 버섯 농사를 하는 청년 사장님을 만난 것이 떠오른다(〈휴먼스토리〉 영상 제목 : 3년간 시골 농촌에서 먹고 자며 농사짓는 27살 청년의 하루). 그는 원래부터 농부가 아닌 도시에서 태어나고 자랐지만, 귀농해서 표고버섯과 목이버섯 농사를 하고 있었다.

중학교 3학년부터 장래희망을 농부로 삼았던 그는 주

변에 아무도 농사짓는 사람이 없었지만, 오히려 그 사실이 획기적으로 여겨졌고, 한국농수산대학교 버섯학과에 입학했다. 부모님과도 떨어져 시골로 내려와 혼자서 농사를 하면 외로울 법 싶었지만, 그는 담담하게 "농사일은 힘들지만 재미있어요. 내가 노력한 만큼 결과가 나와서요. 작물에 신경을 더 쓰면 매출이 올라가는 게 재미있습니다"라고 말했다.

농사에 진심인 모습은 물론 인터뷰하는 내내 친화력 넘쳤던 그의 모습은 도시 생활과 달리 여유롭지만, 묵묵히 자신이 할 일을 감내하는 성숙함이 느껴졌다. 최근 귀농에 관심이 커진 젊은이들이나 MZ세대에게 농업 관련 강의를 하는 그는 이렇게 말했다.

"창업이 투자 비용도 많이 들고 고립된 생활이 힘들기도 하지만, 일한 만큼 얻고, 보상받을 수 있어요. 농업은 '끈기'입니다. 스스로 끈기 있게, 성실하게 일하면 누구든지 성공할 수 있어요."

사실 슈퍼휴먼은 실패와 성공의 과정을 반복하며 탄생한다. 저마다 다른 성공의 기준과 조건이 있지만, 모든 분야에서 공통으로 통합되는 것이 있는데 그것은 바로 '희망'이다. 어떤 업종이든 미래에 대한 희망을 품고 내실을 다지면 당장은 효과가 없어 보여도 장기적으로 오래가는 기반이 되어주며, 노력한 만큼 경제적인 안정과 성공을 달성할 수 있다.

"다소 시간이 걸리더라도
견디고 인내가 필요한 때가 있다."

이것이 농부가 우리에게 가르쳐주는 교훈이다. 지금 당장 부자가 되겠다고 조급할 것이 아니라, 농부의 교훈을 되새기며 자신의 목표를 향해 한걸음 씩 나아가야 한다. 한 분야를 1만 시간 동안 시간을 쏟아 공부하고 적용하면 전문가라 불리듯이, 희망의 씨앗을 뿌리면 결과의 열매를 반드시 맺을 수밖에 없다.

내가 노력한 것은 정직하게 결과로 나타나기 마련이다. 때로는 하기 싫을 수 있지만, 농부의 마음으로 꾸준히 시간을 쏟으며 성실하게 일하라. 시간이 지나면 당시에 느낀 부정적 감정은 사라지고 반드시 좋은 결과가 남는다.

슈퍼휴먼들의 슈퍼 명언

장사에 관심이 있거나 부자가 되고 싶다면,

다음을 명심하라.

첫째, 잘하는 것부터 시작하라.

둘째, 뻔하고 당연한 것을 인정하고 움직여라.

셋째, 정석대로 하라. 모두가 아는 '그것'.

넷째, 돈은 2순위다.

어떻게 사람들을 기쁘게 할까를 1순위로 하라.

다섯째, 나만 줄 수 있는 공짜를 줘라.

마지막으로, 안 될 거라는 생각 자체를 아예 하지 마라.

_고명환(개그맨, 《이 책은 돈 버는 법에 관한 이야기》 저자)

제3부

무한한 가능성을 깨워라

01.
일찍 자고 일찍 일어나는 게 성공의 원동력이다

나의 하루는 당일 촬영하는 사장님과 함께 시작할 때가 많다. 새벽 동틀 무렵 일어나 준비하는데 그런 과정을 겪으면서 나는 자연스럽게 '새벽형 인간'이 되었다. 남들은 자고 있을 이른 시간에 일어나 '오늘'을 준비하고 살아가는 일, 아침의 고요함 속에서 얻은 영감(靈鑑)은 원동력이 되어 창의성을 발휘한다.

인간의 집중력이 최고조에 달할 때는 오전이다. 새로운 아이디어를 얻을 수도 있고, 어떤 것이 중요한지 우선순위를 재정립할 수도 있다. 그러므로 여러분도 성공을 목표로 삼고 있다면, 반드시 일찍 자고 일찍 일어나라고 말해주고 싶다.

인간의 몸에는 세로토닌(Serotonin) 호르몬이 있다. 세로토닌은 우울한 기분을 안정시키고 스트레스 수치를 줄여주는 효능이 있어 '행복 호르몬'이라고 불린다. 세로토닌은 정서적인 안정은 물론 신체 기능 유지에 꼭 필요하다. 이 세로토닌은 햇빛을 많이 받으면 더 왕성히 분비된다. 그래서 햇빛을 많이 보는 사람일수록 더 행복감을 느낀다.

또한, 행복감이 클수록 사람은 무언가에 더 집중할 수 있다. 정신적 결함은 생각보다 크게 악영향을 미친다. 무기력함은 아무것도 할 수 없게 만들며, 우울감은 이렇게 살고 싶지 않다는 마음만 들게 한다. 이렇게 살고 싶지 않으면 내가 변해야 하는데, 변할 힘도 없을 만큼 무기력한 것이다.

그렇기에 별것 아닌 것 같아도 일찍 자고 일찍 일어나 햇빛을 받는 습관을 길러야 한다. 햇빛과 함께 생활하면 몸에 생기가 돈다. 사소하게 느껴질지 모르지만, 이런 작은 차이가 큰 격차를 만든다. 나의 행복, 온전한 집중력이 발휘할 때 인간은 내가 하고자 하는 일을 할 수 있는 원동력이 생기기 때문이다.

세상이 고요할 때 나의 뇌는 완전히 활성화되어 일의 능률이 오르고 생산력도 폭발적으로 올라간다.

"일찍 자고 일찍 일어나는 습관이
성공의 원동력이자 지름길이다."

누구나 아는 사실이어도 실천하지 않는 것, 즉 알면서도 실행에 옮기기 힘들어한다. 그러나 자신의 목표를 성취하는 사람은 진부해도 매일 실천한다. 만약 당신이 무기력하고 성취감이 덜한 것 같다는 생각이 든다면 당장 오늘부터 실천해 보라. 어쩌면 당신의 앞길을 가로막고 있는 건 늦게 잠들고 늦게 일어나기 때문일 수 있으니까.

02.
하루 30분 투자로 30배의 값어치를 얻어낸다

〈휴먼스토리〉 채널은 이 세상 모든 사람의 이야기를 담는 공간이다. 온갖 희로애락을 담았으며 그중 하이라이트만 구독자들에게 전하는데, 성공과 실패 그리고 그 속에 담긴 메시지는 수많은 사람에게 귀감(龜鑑)이 되었다.

나는 일을 하면서 창조적인 영감이 필요할 때 〈휴먼스토리〉에 출연한 사장님들과 통화를 한다. 서로 대화를 나누며 산책을 하는데 무수히 떠오르는 생각들을 정리하고,

몸 건강도 챙길 수 있었다.

나는 언제나 사장님들의 이야기를 잘 담아내기 위해 '그릇'을 최대한 키워야 한다고 생각했다. 동시에 평생 남는 추억이 될 수 있기에 모든 과정에 최선을 다한다. 내가 거의 하루도 쉬지 않고 움직일 수 있는 원동력인 셈이다.

지난 2020년부터 〈휴먼스토리〉를 시작했으니, 올해로 3년째다. 지난 3년간 지치지 않고 달려올 수 있던 이유는 끊임없이 움직였기 때문이라고 자부한다.

일반적으로 사회에서 말하는 성공 요소에는 실력, 경제력, 인맥 등 여러 가지가 있다. 어느 것 하나 중요하지 않은 게 없지만, 얼마나 끈기 있게 그 일을 할 수 있는지가 가장 중요하다. 만약 당신이 큰일을 하고자 한다면 반드시 운동하라고 조언하고 싶다.

"버티는 건 체력이 기반되어야 한다.
체력이 실력이고 부의 원천이다."

하루아침에 대박 나는 '로또' 같은 일은 없다. 지루한 일상을 견디는 것도 덕목이고, 이를 지속하게 해주는 건 체력이기에 움직여야 한다. 하루 30분, 머리를 비우고 뛰어라. 짧은 30분이 모이면 오랫동안 달려갈 수 있는 뿌리가 되어준다.

하루 30분을 투자해서 내가 집중할 수 있는 시간을 두 배로 늘릴 수 있다면, 30분은 복리처럼 쌓여서 30배 이상의 가치를 얻게 된다. 내가 날마다 투자한 시간들이 모여 그 이상의 값어치를 가져올 때 투자한 보람은 물론 삶의 의미를 찾을 수 있다.

세상에서 내 의지로 바꾸기 가장 쉬운 것이 몸이다. 앉아만 있고 누워만 있지 말아라. 일단 발을 내딛으면 그냥 걷게 되고, 또 걷다 보면 뛸 수 있다. 하루 30분, 잠시 세상과의 소통을 끊고 걷는 것도 좋다. 나 자신이 무언가에 몰두할 수 있는 시간을 허락해 보라. 정말 강한 사람은 끝까지 버티는 사람이다. 버티기 위해서 달려야 한다.

03. 지속적인 테스트와 반복이 성공을 위한 전략이다

우리는 무언가에 도전할 때마다 항상 두려움을 느낀다. 무엇이 두려울 것일까. 바로 실패다. 실패에 대한 두려움은 우리의 선택과 행동에 큰 영향을 미치는데, 심리학의 '회피 학습'이라는 원리로 설명할 수 있다. 회피 학습은 '부정적인 결과를 피하려고 특정 행동을 하지 않는 습관을 배우는 것'을 말한다. 이에 따라 과거의 실패나 부정적인 경험은 우리의 현재와 미래의 선택에도 영향을 미친다.

사실 리더의 자리에 있다 보면 과거의 성공 경험에 취해 도전정신을 잃기도 하고, 시장이 불안하면 판단력이 흐려지곤 한다. 여기저기 들려오는 소문에 의존할 정도로 귀가 얇아지기도 하고, 그로 인해 잘못된 선택을 하게 된다.

하지만 '내면의 목소리'로는 알고 있을 수 있다. 오늘과 내일을 살아가는 우리가 운에 기대며 살 수 없다는 사실을 말이다. 그러나 실패를 두려워하지 말고 '피드백'으로 받아들여 그것을 극복하는 방법을 알아야 한다. 바로 '테스트와 반복'이다.

"인생에 완벽한 타이밍이란 없다. 지금 시작하고 나중에 완벽해져라."

인생의 모든 것이 완벽해질 때까지 기다리면 영원히 기다려야 할 것이다. 지금이 적기다. 그러니 빠른 실행을 통해 결과를 확인하고, 그 결과를 바탕으로 분석하는 것이 중요하다. 실패는 학습의 한 부분이며, 그것을 통해 얻은 피드백을 다음 행동에 반영하는 것이 성장의 길이다.

나는 책을 엄청 많이 읽는 사람도 아니고, 그렇다고 스스로 생각하기에 지혜롭다고 말할 수도 없다. 하지만 나는 '테스트와 반복'의 중요성을 알고 있다. 그래서 실패를 최소화하기 위해 끊임없이 테스트를 거듭했다. 일단 작게 시작해서 실패의 원인을 분석하고, 그것을 바탕으로 다시 도전하는 것이다.

여기서 중요한 것은 처음부터 큰 그림을 그리는 것이 아니라, 작은 성공을 통해 큰 성공으로 나아가는 것이다. 목표는 낮게 잡되 꿈은 누구보다 높게 잡아도 된다. 이것이 반대되면 내 삶이 괴로워지고 자칫 앞으로 나아갈 힘을 잃게 된다. 나 자신을 좌절시키기보다 살아가게 할 힘을 더 크게 만들고 의도적으로 환경을 조성하라. 이 모든 것은 성공을 위한 전략이다.

슈퍼휴먼들의 슈퍼 명언

'저 사람은 어떻게 해서 잘 됐을까?'

남이 잘 되건, 남이 뭐건 신경 쓰지 말라.

나보다 잘 된 사람들을 시기 질투하지 말고,

그들은 어떻게 잘 되었을까를 생각하고 실천하라.

반대로 남의 시선도 신경 쓰지 말라.

큰 잘못이 아니라면,

자신의 방식대로 열심히 살아가는 게 옳다.

다 각자의 삶이며, 저마다 목표도 다르다.

애초에 우리는 다르게 태어났기 때문에

내가 '어떤 사람'이 되는가는 자신에게 달려있다.

무엇보다 '마음가짐'이 중요하다.

자신에 대한 믿음을 잃지 말고,

나의 인생을 위해 열심히 살아라.

_김헌성(세인트존스 호텔 대표)

04.

열정과 노력이 성공으로 이끄는 비결이다

우리는 저마다 목표를 이루고 성공하기 위해 노력하는데, 이때 필요한 원동력이 '열정'이다. 이런 열정을 통해서 우리는 새로운 도전을 할 수 있으며 성공의 가능성을 높일 수 있다. 열정이란 '어떤 일에 열렬한 애정을 가지고 열중하는 마음'이다. 더 쉽게 말해서 '일에 대해 갖는 뜨거운 마음'이다.

그런데 아무나 뜨겁지 못하다. 태어나면서부터 열정을

타고난 사람은 없다. 열정은 그냥 마음먹어서 생기는 것이 아니다. 내가 사랑하거나 선택한 일에 대한 책임이 있어서다. 내 인생의 궤도를 바꿔버릴 정도의 잠재력이 열정이며, 이런 열정이 있는 것만으로 50%는 성공한 것이다.

우리가 일에 열정을 갖게 되면 그것은 끊임없이 타오르는 불꽃이 되어 우리를 움직이고 행동하게 만든다. 대부분 사람은 같은 일을 반복하고, 하던 일을 또 해내면서 지루함의 연속일 뿐이다. 바로 그때마다 열정을 불태우며 '할 수 있다'라는 스스로에 대한 믿음으로 나아가는 것이다.

"열정은 나의 잠재력을 무한대로 확장시킨다"

당신이 뭔가를 이루어내고 싶다면 '열정을 위한 노력'에 힘쓰기를 바란다. 그런 노력을 통해 진정한 열정을 얻을 수 있다. 이 세상에 뜨거운 열정 없이 이뤄낼 수 있는 건 없다. 만약 당신에게 열정이 없거나 식었다면, 한탄만 하지 말고 그 시간에 열정을 얻는 방법이 무엇인지 객관적으로 판단하고 실행하라.

'열정, 노력' 같은 말은 이미 말 자체만으로 뜨겁고 용광로 같이 느껴진다. 어렵게 생각하지 말자. '뻔한 일을 뻔하지 않은 수준으로 반복해서 하는 것'이 열정과 노력이다. 또한 그 열정과 노력에 정직한 태도를 갖춘다면 무한대로 발전하는 자기 자신을 찾을 수 있을 것이다.

정직하다는 건 말로만 쉬울 뿐 세상에서 제일 어려운 일 중 하나다. 그만큼 정직함은 반드시 결과를 안겨주며, 절대 배신하지 않는다. 나를 배신하는 건 스스로 무의미하게 지낸 시간일 뿐이니까.

능력은 어느 정도 부족해도 상관없다. 그 사람이 얼마나 열정을 가지고 있는가에 따라 충분히 보완할 수 있기 때문이다. 그러나 열정은 그 사람이 마음먹고 달려들지 않는다면 절대 생기지 않는다.

_마쓰시타 고노스케(Matsushita Kounosuke)

05.
고통을 벗어나는 방법은 고통을 통해 성장하는 것이다

바닷가재가 성장하기 위해서는 자기를 감싸고 있는 단단한 껍질을 벗어야 한다. 성장할수록 자기를 감싼 껍질이 작아져 불편하기 때문이다. 만약 껍질을 벗지 않으면 껍질 속에 갇혀 그대로 죽고 만다. 그래서 바닷가재는 천적으로부터 숨어서 옛 껍질을 벗고 새로운 껍질을 만들고 옮겨나간다.

이 기간이 가장 힘든 시기인데, 속살이 드러나 상처를 입거나 물고기들의 먹이가 되기도 한다. 그러나 옛 껍질을 벗지 못하면 껍질 자체가 감옥이 되어 결국 죽기 때문에 목숨을 건 도전을 통해 성장해 나가는 것이다.

이렇듯 바닷가재는 성장해 나가면서 여러 번 껍질을 갈아나간다. 즉 '탈피(脫皮)'한다. 성장한 바닷가재에게 옛 껍질은 단단하기에 확장될 수 없다. 따라서 성장하려면 새로운 껍질이 필요하며, 불편해도 탈피를 통해 더 큰 껍질로 교체한다. 늘 위험을 감내하고 생존을 위해 포기하지 않는다. 즉 불편함이 바닷가재가 성장한 원동력이다.

당신이 벗어야 할 껍질은 무엇인가. 만약 도전이 두려워 현실에 안주해서 '자기 껍질'에 갇혀있다면 절대로 성장할 수 없다. 만약 당신이 어떤 불편함(스트레스, 고통 등)을 느끼고 있다면, 그건 불편하니 힘들어하라는 의미가 아니다. '지금 뭔가를 바꾸어야 한다', '당장 변해야 한다'라고 당신 자신에게 보내는 신호이다.

"힘들더라도 껍질을 벗어야 한다. 불편함을 견디는 노력이 강함의 원동력이다."

한가지 유의할 것은, 스트레스로부터 도망가지 말라. '내가 왜 스트레스를 느끼는지', '무엇을 불편해하는지' 자기 내면을 자세히 들여다봐라. 그 안에 당신이 나아가야 할 길이 있다.

인간 승리의 대명사로 추앙받는 랜스 암스트롱(Lance Armstrong)은 "고통은 잠깐이지만, 포기는 영원히 남는다"라고 말했다. 인간은 누구나 하기 싫은 일을 할 때 고통스러움을 느낀다. 그러나 하고 싶은 일만 하며 살 수 있는 인생이 어디 있겠는가. 고통은 잠깐이지만 성취는 영원하다. 이 말은 거꾸로 하면 '고통 때문에 포기한 일도 영원히 당신을 괴롭힌다'라는 뜻이다.

고통 때문에 포기했는데 결국 그 포기 때문에 다시 고통스러워진다. 결국 고통을 피할 수 없다는 뜻이다. 그럴 바에야 견디고 이겨내라. 하기 싫어도 실행하면 부정적인 감정은 사라지고 결과는 남는다. 당신 스스로 만든 결과는 당신이 그동안 느꼈던 모든 고통을 잊게 해줄 만큼 짜릿함으로 다가올 테니까.

06.
지금의 나를 인정해야 새롭게 거듭날 수 있다

대부분 사람은 스스로 '새로운 나'가 되고 싶다고 다짐하지만, 반복되는 일상에서 뻔한 패턴으로 살면서 막연함과 불안함에 휩싸여 자책하는 이들이 많다. '왜 난 변하지 못하는 거지?', '새로운 나로 살고 싶은데 왜 항상 이 모양일까?'라며 자기 자신을 비난한다.

그런 사람들에게 꼭 해주고 싶은 말이 있다. 원래 변화란 어려운 법이다. 사람은 적응의 동물이다. 자신이 처한 환경이 변하지 않는 한 살아가는 모습을 바꾸는 건 쉽지 않다. 즉 당신이 잘못된 게 아니라 방법이 잘못됐다는 것이다.

사람은 누구나 자신이 살아가던 환경을 바꾸지 않으려는 나쁜 습관이 있다. 이것을 '클루지(Kluge)'라고 부르는데, 대략적인 의미를 설명하면 '결과적으로 도움 되지 않아도 지금의 나 자신을 합리화하는 그럴듯한 핑계' 정도가 될 것이다.

그렇다면 결과적으로 도움이 되지 않음에도 불구하고 왜 인간은 이런 습성을 가지게 됐을까? 그것은 바로 과거로부터 인간은 환경을 바꾸지 않는 것이 생존에 유리했기 때문이다. 과거 인류에게 있어서 극단적인 환경의 변화는 새로운 적응을 의미했고, 이것은 곧 생존의 위협으로 이어졌다.

쉽게 말해서 인간은 자신이 속한 환경에 대해 많이 알아야 생존확률이 높았는데, 수만 년 동안 인간의 뇌는 환경이 바뀔 때마다 생존을 추구하도록 진화되었고, 지금의 우리는 환경을 바꾸지 않으려는 나쁜 습관(클루지)을 지니게 되었다.

물론 현대에는 자신이 사는 환경을 바꾼다고 해서 생명의 위협이 받을 일이 적어졌지만, 유전적으로 각인된 이 습관은 버려지지 않은 것이다. 그런 이유로 우리는 환경을 바꾸는 것을 두려워한다. 그러므로 변화를 바랄 때 취해야 할 태도는, 변화하지 않는 나 자신을 비난하는 것이 아니다. 먼저 나 자신이 변화를 받아들이지 않는다는 것을 인정해야 한다.

또한 이것은 나의 잘못이 아니라 긴 시간 인간의 유전자에 각인되었음을 객관적으로 인지해야 한다. 그러고 나면 나 자신을 비난하는 게 아니라 내가 나아갈 원동력이 뭔지 찾을 수 있게 된다.

"나 자신을 향한 비판 위에 쌓인 원동력은 없다. 스스로 불완전함을 인지하고 개선해 나아가라."

살아가는 모습을 먼저 바꾸려고 할 것이 아니라 스스로 변화에 대한 태도를 먼저 바꾸는 것, 이것이 바로 당신이

맨 처음 취해야 할 방법이다. 모든 결과에는 행동보다 멘탈이 선행한다. 탁월한 모든 이들이 애초에 탁월해서 훌륭한 성과를 이룬 게 아니다. 그들도 단단한 멘탈을 먼저 갖춘 뒤 행동에 나섰음을 당신은 깨달아야 한다.

내가 잘못된 것이 아니라 인간이 원래 그렇게 작동한다는 것, 그렇기에 작동원리를 인식하고 스스로 암시를 걸어야 한다는 것. 그것이 당신의 변화에 첫 단추가 될 것이다.

07.
당신에게 가장 중요한 단 하나는 무엇인가?

사랑하는 사람에게 가는 길은 아무리 멀어도 가깝게 느껴진다는 말이 있는데, 내가 삼은 업과 일도 마찬가지다. 성공을 향한 도전과 새로운 목표를 세우며 나아가는 일, 내가 하는 일 모두가 그러하다. 하면 할수록 새롭고, 알아야 할 것도, 조심해야 할 것도 많아진다.

여기서 중요한 건 '내가 사랑하는 일인지, 아닌지'의 차이다. 그저 먹고살기 위해 일한다고 생각하면, 내 마음가짐도 거기서 머물고 만다.

"일을 대하는 태도를 바꾸면 인생의 태도가 바뀐다. 내 삶의 질과 만족도가 올라간다."

사람들이 미디어에 중독되는 이유 중 하나는 끊임없이 나오는 자극적이고 흥미로운 콘텐츠 때문이다. 마찬가지로 우리 인생도 돌이켜봤을 때 나 자신의 성찰과 발전이 없다면 매너리즘에 빠지기 쉬운 법이다.

지금은 베이비 붐(Baby Boom) 세대인 5060 중장년층도 은퇴 후 활기찬 인생을 살아가기 위해 새로운 도전을 하는 세상이다. 이들도 청년들 못지않게 자기 관리와 자기 계발을 하면서 자신의 자아실현을 위해 살아가는 것이다.

각자의 개성이 세분된 만큼 소비되는 콘텐츠의 카테고리도 이전보다 훨씬 세분됐다. 이 말은 자신만의 일과 꿈, 그리고 목표가 다양해졌다는 것을 의미한다. 그렇다면 내가 사랑하는 일을 찾기 위해 가장 먼저 해야 할 일은 무엇인가. 그리고 그 일을 어떻게 지속할 것인가.

간단하다. 해보고 싶은 일, 관심 있는 일, 흥미로운 일 10가지를 적어라. 그다음에 그 모든 걸 하나씩 맛보기식으로 체험하면서 '가지치기'를 해나가라. 중요한 것 하나를 남기기 위해 여러 가지 경우의 수를 두고, 그다음에 직접 몸소 겪으면서 확인하는 것이다.

정공법이지만 이것이 당신에게 중요한 가치관은 무엇인지 알아내고, 당신이 사랑하는 일을 찾아가는 과정이 될 수 있다.

세계적인 베스트셀러 《원씽》은 독자에게 '나에게 중요한 단 하나는 무엇인가?'라는 질문을 던진다. 그래서 탁월한 성과를 내기 위해 초점을 맞춰야 할 '단 하나'가 무엇인지 찾도록 도와준다. 이 책의 공저자인 게리 켈러(Gary Keller)는 다음과 같이 말했다.

"우리는 거짓말에 속고 있다. 모든 일이 중요하니, 동시에 많은 일을 철저한 자기관리를 통해 모두다 잘 해내라고. 못해내는 인간은 의지가 없는 거라고 말이다. 일과 삶의 균형을 잡고, 큰일을 벌이지 말라고 한다. 이 거짓에 속고 있는 당신, 지금 바로 멈춰라."

게리 켈러의 말뜻은, 여러 가지 일이 중요한 상황에서 우선순위를 정리하지 못하기 때문에 이러지도 저러지도 못한 채 방황하거나, 자신에게 무엇이 중요한지 판단 내리기 어렵다고 말한 것으로 나는 해석한다.

인간이 하루에 살아갈 때 정해진(필요한) 집중력과 생산성은 한정적이다. 누구나 마음은 '모든 일을 할 수 있어'라고 다짐하며 실행하지만, 유한한 에너지 안에서 인간이 할 수 있는 일은 제한적이다. 그렇기에 하루에 내가 보유하고 있는 생산성을 '어떤 일에 집중하느냐'에 따라 결과의 질이 달라질 수밖에 없다.

"성공하려면 집중력이 필요하다.
집중력은 마음의 근육과 같아서
집중하는 만큼 발달시킬 수 있다."

세상에는 나의 시간을 뺏는 콘텐츠가 많고, 재미난 오락거리는 넘쳐난다. 또 '어떤 일이 돈이 될지' 등 돈 버는 법에 대한 강의나 정보가 많아지다 보니 정작 자신에게 무엇이 중요한지, 그리고 무엇에 집중해야 할지 모르는 이들도 늘어나고 있다.

당신은 어떤 선택을 할 것인가. 앞으로 어떤 결과를 원하는가. 반드시 명심하라. 당신에게 가장 중요한 일을 중심으로 살아가고, 그 중요한 일을 집중해서 파고들어라. 그 과정에서 절대로 포기하지 않고 끊임없이 노력한다면, 스스로 성장함은 물론 당신이 원하는 모든 것을 이뤄낼 수 있을 것이다.

슈퍼휴먼들의 슈퍼 명언

세상 모든 일은 경쟁이다.

경쟁에서 이기려면 열심히만 하는 게 아니라

'어떻게 잘 할지'를 고민해야 한다.

그다음 고민에서 끝나지 말고,

일단 들이박는 행동력이 필요하다.

지금의 내 모습이 아닌 미래의 모습으로부터

거슬러서 가는 식으로 상상하고,

성공한 사람들이 갖고 있는 장점과 습관들을

내 것으로 만들면서 쌓아가라.

그러면 나도 모르는 사이에

나 역시 '성공자'가 되어 있을 것이다.

_황해수(유튜브 크리에이터, 《콘텐츠의 신》 저자)

당신의 한계는 없다, 스스로 한계 짓지 말라

1492년, 크리스토퍼 콜럼버스(Christopher Columbus)는 인도를 향해 출항했다. 인도가 비단과 향료 같은 이국적인 상품이 넘친 땅이라 믿었기 때문이다. 몇 달간 항해 끝에 목적지에 도착했으나 그곳은 인도가 아닌 아메리카 신대륙이었다. 결국 콜럼버스는 신대륙 발견의 상징 인물이 되었고, 그의 이름은 역사 속에 기록되었다.

당시는 지구가 네모라고 알고 있었기에 콜럼버스의 발견은 지구가 둥글다는 것을 증명한 위대한 역사의 업적이라 불릴만한 사건이었다. 그러나 실상은 어떠했을까. '신대륙 발견 신화'에는 아메리카 대륙에 이미 원주민이 존재했으며, 1492년 이전에도 탐험했던 탐험가들의 존재를 지우게 됐다는 견해도 있다.

그 외에도 여러 주장이 있지만, 결국 요점은 콜럼버스 이전의 탐험은 물론 원주민의 역사와 문화도 함께 다뤄야 한다는 것이다. 그렇다면 콜럼버스의 신대륙 발견 사건과 역사의 기록 속에서 잊힌 인물들 사이에 어떤 연관성이 있는지 의문이 들 것이다.

내가 이 사례를 들어 독자 여러분에게 화두를 던진 이유는 간단하다. 세상에는 수많은 자기계발서가 존재하고, 그 중심에는 '성공학' 즉 성공한 사람들의 스토리가 존재한다. 아마 자기계발서를 꽤 읽어본 사람은 알 것이다. 거대 기업의 대표나 회장의 이야기만 들어도 여러분은 느꼈을 것이다. 어떤 사람은 마음의 울림을 얻어 동기부여를 얻지만, 어떤 이는 상대적 박탈감을 받는다. 무한한 경쟁이 펼쳐지는 자본주의 사회에서는 돈이 전부, 혹은 대부분이 될 수밖에 없어서다.

지금 시대에 유튜브를 보면 '월 1천만 원 버는 법', '연봉 10억의 사업가가 말하는 성공 조언'과 같은 영상이나 글, 강의 등이 만연하다. 또한 각종 미디어와 자기계발서에 존재하는 인물처럼 세상 사람들도 저마다 '부'를 거머쥐기 위해 돈을 지불하고 시간을 투자하면서 끊임없는 노력을 거듭한다. 내가 선망하는 대상인 그 롤 모델처럼 되기 위해 그들이 밟아온 길의 흔적을 따라가는 것이다.

다만 나는 이러한 사실에 대해 큰 흥미가 있지 않다. 오로지 나의 관심사는 인간의 삶, 그 자체에 있다. 콜럼버스가 최초의 유럽인 중 한 명이란 사실과 그의 기여가 신격화됐다는 비판이 있어도, 그가 역사상 어떤 업적도 없는 인물이 되는 건 아니다. 마찬가지로 이미 그전에 탐험을 떠났던 인물들과 원주민의 존재가치가 무의미한 것인가?

역사 속에 기록되지 않았든, 콜럼버스만큼 주목받지 않았든 그건 역사에 대해 완전히 이해하고 확정하는 데 한계가 있을 뿐. 당장 먹고살아야 하고, 목표 매출을 달성해야 하고, 부를 축적하기 위해 하루하루 살아가는 현대인에게는 크게 와닿지 않고 관심조차 없을 수밖에 없다.

단지 내가 앞서 사례를 언급한 건 콜럼버스의 발견이 오랜 시간 동안 유럽과 아메리카의 역사에 큰 변화를 가져오기 시작했듯 우리 개인의 역사도 불특정 다수의 사람에게, 혹은 같은 업종에 종사하는 인물에게 용기를 부여하고 때론 감동을 줄 수 있다는 믿음을 가졌기 때문이다.

내가 수많은 대표님들과 사장님들을 인터뷰한 결과, 월 수익이 얼마든지 간에 그들의 삶은 성공과 실패가 반복된다. 그 과정에서 겪는 개인의 역사가 존재하며, 희로애락이 분명하게 나타난다. 나는 한 번 촬영을 진행하면 30분, 1시간 만에 끝낼 수도 있지만 8시간, 12시간, 많게는 24시간까지 할 각오로 촬영에 임한다.

전국을 돌아다니며 실제 현장을 담아 그 영상을 편집한다. 단순한 인터뷰가 아니다. 그들의 삶에 뛰어들어서 말 그대로 '휴먼스토리'를 담아 콘텐츠로서 대중에게 선보이는 것이다. 세상은 이미 바뀌었고, 앞으로 더 빠른 속도로 변화될 것이다. 그 사실을 인지하고 있기에 매일 쉬지 않고 일하며 〈휴먼스토리〉 채널을 운영해 왔다. 한 명이라도 더 만나서, 그들의 생생한 이야기를 들려주기 위해 잠을 줄여서라도 일을 해왔다.

'슈퍼휴먼'은 여기서 탄생한 것이다. 위버멘쉬(독일어: Übermensch / 영어: Overman)는 프리드리히 니체가 삶의 목표로 제시한 인간상이다. '위버멘쉬'란 어원으로 볼 때 '넘어선(über) + 사람(mensch)'을 뜻한다. 즉 보통 사람을 '넘어선 사람'이라는 의미다. 여기서 니체가 말하는 가장 이상적인 인간상은 누구였을까. 바로 괴테였다. 그의 관용성은 나약함이 아닌 강함에서 비롯된 것이다.

창조한 것뿐만 아니라 자신의 인생을 진정한 의미로 긍정하며 받아들인 것이다. 끊임없이 자신을 개발하는 일, 실전에서 겪는 경험을 쌓아가고, 자기 잠재력의 끝까지 도전하며 인간으로서 가진 리미트(Limit, 극한)를 해제한 뒤 초인적인 능력을 발휘하는 것이다.

오해하지 말기를 바란다. 위버멘쉬란 결코 영웅이나 천재를 의미하는 건 아니다. 나답게 살아가며 내면의 목소리에 따르는 이 세상을 살아가는 자들을 말하는 것이니 말이다. 내가 말하는 슈퍼휴먼은 영웅이 아닌 주어진 현실에서 투쟁하며 앞으로 정진하는 이들을 칭한다. 그렇기에 니체 편집 위원 중 한 명인 김정현 교수는 위버멘쉬를 '극복인'이라고 번역하기도 했다.

신대륙 발견을 누가 했든 간에 결국 지구의 동과 서는 하나가 되어 연결됐다. 초연결 사회에 살고 있는 지금, 우리는 모두 슈퍼휴먼이며 지금 순간에도 역사를 써 내려가고 있다. 성공과 실패에 대한 출연자의 이야기, 내가 직접 발로 뛰고 궁구한 끝에 얻은 통찰을 이 책에 모두 담아 지금 이 자리에 존재하는 당신에게 말한다. 슈퍼휴먼은 그 누구의 이야기도 아니고 당신만의 이야기다.

우린 모두가 기록되어 콜럼버스의 신대륙 발견과도 같은 기적을 일으키며, 세상에 영향을 줄 수 있는 시대에 살고 있다. 우린 모두 슈퍼휴먼이며, 당신만 모를 뿐이다. 노력, 한계, 환경. 이 모든 망망대해를 건넌다면 평범하게 인식했던 나의 세계관에는 균열이 일어난다. 그때다. 당신이 알을 깨고 나와 더 큰 세상을 향해 날개를 펼쳐 날아오르는 순간 말이다.

곧 도착할 목적지에서 당신만의 눈부신 신대륙을 발견하기를 바란다. 설령 도달하지 못하더라도 좌절하여 자기혐오감에 빠지지 말길 바란다. 살아있고 시간이 존재하는 한, 당신이 열어갈 지평 너머의 한계는 그 누구도 규정지을 수 없는 것이다.

슈퍼휴먼

초판 1쇄 발행 2023년 10월 31일
초판 3쇄 발행 2024년 01월 12일

지은이 김도훈(휴먼스토리)

펴낸이 떠오름
기획 손힘찬
편집 권희중
디자인 당아
마케팅 고경표
영업관리 떠오름

펴낸곳 ㈜떠오름코퍼레이션
출판등록 제2021-000002호(2020년 4월 28일)
주소 서울특별시 성동구 왕십리로 4길 23-1, 3층 301, 302호
전화 070-4036-4586 팩스 02-6305-4923
홈페이지 www.risebooks.co.kr
이메일 tteoreum9@nate.com

값 17,800원

ISBN 979-11-92372-53-2 (03190)